Wilhelm Oechelhäuser

Essay über William Shakespeares König Richard III.

Wilhelm Oechelhäuser

Essay über William Shakespeares König Richard III.

ISBN/EAN: 9783743352094

Hergestellt in Europa, USA, Kanada, Australien, Japan

Cover: Foto ©ninafisch / pixelio.de

Manufactured and distributed by brebook publishing software (www.brebook.com)

Wilhelm Oechelhäuser

Essay über William Shakespeares König Richard III.

Essay

über

William Shakespeare's

König Richard III.

Von

Wilhelm Oechelhäuser.

Abgedruckt aus dem 3. Bande des Jahrbuch
Deutschen Shakespeare-Gesellschaft.

Berlin,
Druck von Georg Reimer,
1868.

Essay über Richard III.

Von

Wilhelm Oechelhäuser.

Das Studium Richard's III. gewährte mir von jeher ein besonderes Interesse. Es bezeichnet dies Drama den bedeutungsvollen Markstein, der Shakespeare's Jugendarbeiten von den unsterblichen Werken seiner Glanzperiode scheidet und ganz unverkennbar trägt es jene eigenthümliche Signatur, welche die Dichterheroen aller Zeiten den in die Jugendperiode ihres Schaffens fallenden Werken aufgedrückt haben. Der Stoff, die Ideen drängen noch zu gewaltig heran, um sich überall den Gesetzen der dramatischen Wahrheit und Schönheit zu fügen; sie überfluthen stellenweise die Schranken, die der gereifte Dichter später freiwillig inne hält. Form und Inhalt stehen noch nicht in jenem Einklang, der das Meisterwerk kennzeichnet; das Detail wird noch zu gewaltsam in die Hauptrichtung des Ganzen hineingepresst, oder seiner Motivirung zu wenig Aufmerksamkeit geschenkt. Eine Neigung zur Uebertreibung, zu übermässiger Gefühlsanregung, waltet vor. Die Oekonomie, dieser wichtige Hebel der Wirkung, ist noch mangelhaft; das Uebergewicht der Hauptpersonen erdrückt häufig die übrigen Charaktere; die einzelnen Theile sind nicht gleichmässig ausgebaut. Aber trotz dieser und anderer, vor dem Forum wissenschaftlicher und ästhetischer Kritik nicht wegzuleugnenden Mängel, haben gerade diese Jugendwerke der Dichter von jeher einen unwiderstehlichen Reiz auf offene gesunde Naturen ausgeübt. Die Frische, Kraft, Ursprünglichkeit, welche das Ganze durchwehen, entschädigen reichlich für die Mängel im Einzelnen; so bei Göthe's Werther und Götz, so bei Schiller's Räubern, so bei Shakespeare's Richard III. Die Meinungen über den absoluten Werth des vorliegenden Dramas gingen von jeher und gehen heute noch ziemlich weit auseinander. Im Allgemeinen war es die Ansicht der, von der romanischen Kritik beeinflussten englischen Shakespeare-Forscher des vorigen Jahrhunderts, dass der grosse Bühnenerfolg, den dieses Werk thatsächlich von der ersten Vorstellung an durch alle Zeiten hindurch gehabt hat, durchaus nicht in richtigem Verhältniss zu seinem, von ihnen sehr niedrig angeschlagenen dramatischen Kunstwerth stehe. Nur Richardson weicht von dieser Ansicht ab. So trefflich indess seine Bemerkungen über Richard und viele andere Charaktere des Stückes sind, so fein er schon die Gründe zu entwickeln weiss, welche uns jenen scheusslichen Charakter interessant und anziehend machen, so wenig hat er es doch zu einer gerechten Würdigung des ganzen Dramas gebracht; noch weniger Johnson, Malone und Steevens, denen überhaupt jeder Einblick in Shakespeare's Schönheiten, soweit sie nicht ganz auf der Oberfläche liegen, versagt schien.[1]) Sie alle sehen das Interesse des Stückes und seinen unleugbaren Bühnenerfolg lediglich in der Charakterzeichnung der Hauptperson begründet und seltsamerweise finden grade solche Stellen, welche wir heute als Glanzpunkte des Dramas bewundern, am wenigsten Gnade vor ihren Augen. So nennt Steevens, noch einer der besten und verdienstvollsten unter den älteren englischen Kritikern, die Werbescene Richard's um Anna kurzweg „*ridiculous and improbable*" (Johnson hat die gleiche Bezeichnung für die Elisabeth-Scene); er lobt Cibber, dass er in seiner Bühnenbearbeitung die Erzählung von Clarence's Traum, sein Gespräch mit den Mördern (A. I, Sc. 4), die Unterhaltung der Herzogin von York mit den Kindern des Ermordeten (A. II, Sc. 2), die für die Zeichnung der historischen Situation so höchst interessante Unterhaltung der Bürger (A. II, Sc. 3), die hochpoetischen Verwünschungen der Margarethe (A. I, Sc. 3 und A. IV, Sc. 4) u. s. w. ganz weggelassen habe. Die Einflüsse der im vorigen Jahrhundert

---

[1]) Fridrich Vischer sagt treffend von ihnen (Kritische Gänge S. 52): „Bei den englischen Kritikern des vorigen Jahrhunderts kann man fest versichert sein, dass sie allemal, wo sich Shakspeare zum Höchsten erhob, über Verletzung des Geschmacks und gesunden Verstandes klagen." — Nur Richardson möchte ich hiervon ausnehmen; er scheint mir vielmehr ein verdienstvoller Vorläufer von Schlegel und Coleridge zu sein.

in England noch herrschenden französischen Geschmacksrichtung treten in dieser Beurtheilung unverkennbar hervor und man muss sich in der That wundern, wie dieselben Schriftsteller, die Shakespeare so wenig verstanden, doch mit so unglaublichem Fleiss in der Textkritik thätig waren.

Seit Deutschland, unter Vorantritt Lessing's, der Herrschaft des französischen Kunstgeschmacks den Todesstoss versetzte, seit demnächst A. W. v. Schlegel die Führerschaft der ästhetischen Shakespeare-Kritik übernahm und nicht blos England seit Coleridge, sondern in den letzten Jahrzehnten mit Guizot, Villemain, Mezières auch Frankreich ihre Ansichten in allem Wesentlichen der deutschen Auffassung anschlossen, seit insbesondere Schiller, Ulrici, Roetscher, Vischer, Gervinus, Kreyssig, Schöne, Dingelstedt u. A. meisterhafte Bemerkungen über dieses Drama niederschrieben, haben sich die Ansichten über seine Vorzüge und Mängel bedeutend geklärt. Im Allgemeinen ist dieser kritische Prozess entschieden zu seinen Gunsten ausgefallen; anscheinende Regellosigkeiten haben sich harmonisch gefügt, das scheinbar so vielfach überschrittene Maass des Menschlichen, des Schönen erscheint bei näherer Beleuchtung innegehalten; neben der allerdings dominirenden Figur Richard's machen sich bedeutendere Charaktere geltend, als es den Anschein hatte; aus den schwarzen Flecken, die Steevens sah, sind Lichtpunkte der Darstellung geworden. Unaufhaltsam verfolgt der „colossale Bösewicht" seinen stürmischen Triumphzug über die Bretter; noch heute, wie zu Shakespeare's Zeiten, wetteifern die ersten Künstler in dessen Darstellung.

An dissentirenden Stimmen über den Werth dieses Dramas und der Shakespeare'schen Historien überhaupt fehlt es allerdings auch in neuerer Zeit nicht; ein Beweis davon ist Rümelin's neueste Schrift[1])

---

[1]) Gustav Rümelin, Shakespearestudien. Stuttgart, 1866. Wenn ich Rümelin's wirklich oberflächlicher Beurtheilung der Historien entgegentreten muss (dieser und der von Hamlet handelnde Abschnitt sind offenbar die schwächsten Stellen des Buchs), so verhindert dies keineswegs viele sonstige Verdienste der Schrift anzuerkennen, wie dies auch Fr. Vischer in dem gegen Rümelin gerichteten Aufsatz: „die realistische Shakespeare-Kritik und Hamlet" (II. Band des Jahrbuchs der Deutschen Shakespeare-Gesellschaft S. 132 u. ff.) gethan hat. Es ist an und für sich schon verdienstvoll, wenn man, sobald sich die Verehrung für irgend ein Menschenwerk dogmatisch verknöchern will, dem gesunden Menschenverstand, der frischen, natürlichen, von Commentaren und Conjecturen noch nicht irregeleiteten Auffassung, ihr unveräusserliches Recht vindicirt. „Alle ächte Deutung," sagt Vischer, „beruht auf Ge-

die so viel Aufsehen erregt hat. Rümelin bezeichnet Richard III. zwar als eine „glänzende Ausnahme" unter Shakespeare's Historien, kritisirt das Drama jedoch schliesslich mit solcher Schärfe, dass man sich erstaunt fragt, wo bei so viel Unsinn, Unbegreiflichkeit und krasser Uebertreibung, die er darin findet, noch von „Glanz" die Rede sein könne. Ich komme im Einzelnen hierauf später zurück, werde übrigens ganz offen die Stellen hervorheben, wo Rümelin's Kritik zutrifft, insbesondere bezüglich des mehrfach hervortretenden Mangels an objectiver Motivirung der Handlungen.

Abgesehen davon, dass vor der prosaischen Nüchternheit Rümelin's ein poetisches Gebilde überhaupt nicht Stand zu halten vermag, rührt wohl der Grundfehler seiner Anschauung über die Historien von einer unrichtigen Auffassung des Wesens und der Aufgabe des historischen Dramas her.²) Er bezeichnet „den Besitz

---

sundheit der ersten Aufnahme in Anschauung und Gefühl." Rümelin ist jedoch, wie Vischer schlagend nachweist, über sein Ziel hinausgeschossen, in's entgegengesetzte Extrem verfallen. Der Unmuth über die blinden Verehrer, deren Zahl ihm überdies grösser scheint, als sie wirklich ist, macht ihn ungerecht gegen den Dichter selbst. Shakespeare war gewiss kein blosser Idealist; auf dem Wege, auf welchem man sich eine solche Menschenkenntniss erwirbt, wie er besass, bleibt man überhaupt kein Engel. Allein wer so unsterbliche Geisteswerke schuf, wer Gedanken zu Tage förderte, die erst die nachfolgenden Jahrhunderte voll zu würdigen wissen, dessen Feder war in der That nicht blos von materiellen oder realistischen Rücksichten geleitet; hätte er lediglich den Geschmack seines Publikums und die Rücksicht auf Erwerb vor Augen gehabt, so konnte er mit geringerer Mühe Wirksameres schaffen. — Ueberdies sind Rümelin's Ansichten über die Stellung Shakespeare's zur bürgerlichen Gesellschaft, die nach ihm der eines Ausgestossenen ziemlich gleich gekommen wäre, ganz unhaltbar, wie dies Bodenstedt bereits im II. Bd. des Jahrbuchs der Deutschen Shakespeare-Gesellschaft nachgewiesen hat; er vergisst, dass Shakespeare sich zuerst und vor Allem einen Namen als Dichter gemacht hatte. Ebenso unhaltbar ist seine Ansicht über die Stellung des damaligen Bürgerthums, das er durch und durch puritanisch inficirt glaubt, zur Bühne. Es hat überhaupt, kurze Perioden des Terrorismus oder Fanatismus ausgenommen, niemals eine Zeit gegeben, in der hohe und edle Gedanken in verständliche und schöne Formen gekleidet nicht in allen Schichten des Volkes sympathische Aufnahme gefunden hätten.

²) Siehe hierüber insbesondere die vortreffliche Abhandlung in Ulrici's: Shakespeare's dramatische Kunst. „Die historische Idee," sagt Ulrici S. 617 „ist der Punkt, in welchem die unantastbare Selbständigkeit der Geschichte, mit deren Vernichtung das historische Drama aufhört historisch zu sein, und die eben so unantastbare Freiheit der Poesie, mit deren Vernichtung sie aufhört poetisch zu sein, sich begegnen: durch die historische Idee allein ist das historische Drama möglich."

positiven geschichtlichen Wissens, den er Shakespeare nur in mittelmässigem Grade zugesteht, als eine Hauptbedingung, um lebensvolle und wirksame Geschichtsbilder schaffen zu können; beim Lesen seiner Historien fühle man sich immer wieder versucht, aus Geschichtsbüchern sich noch besser zu orientiren, um einigen Ueberblick zu gewinnen." (Rümelin S. 98 u. 99). Gewiss ist ein Unwissender, dem jede geschichtliche Kenntniss fehlt, zur Schaffung historischer Dramen, wie jedes Kunstgebildes, ausser Stande. Allein Shakespeare gehört entschieden nicht in diese Kategorie; die historischen Hülfsmittel, die er kannte und benutzte, insbesondere Holinshed's Chronik, waren so ziemlich die einzigen, die in jenen Zeiten, wo die Buchdruckerkunst kaum 100 Jahre in England eingeführt war, dem Gebildetsten überhaupt zu Gebote standen. Was wissen wir aber auch heute viel mehr über jene Geschichtsperiode, insbesondere die Regierungsgeschichte Richard's III, als sich bei Holinshed zusammengetragen findet? Der *Continuator historiae Croylandensis* und Fabyan ergänzen und berichtigen sie in einigen Punkten; einzelne Briefe, Parlamentsrollen u. s. w. verbreiten Licht über diese oder jene Thatsache; aber selbst wenn dieses Material und überhaupt alles, was wir jetzt über die von den Königsdramen umfasste Periode (1398—1485) wissen, Shakespeare bekannt gewesen wäre, welchen Einfluss hätte es irgendwie auf die Gestaltung seiner Dramen ausüben können? Umgekehrt kann einzelnen der Historien mit mehr Recht vorgeworfen werden, ihr Hauptfehler bestehe in einem zu ängstlichen Anlehnen an das geschichtliche Detail, sie seien dramatisch nicht frei genug gestaltet. Will man aber einmal einen, mehrere Menschenalter umfassenden, historischen Dramencyclus als eine berechtigte Kunstform zulassen, so wird auch dieser Vorwurf nur mit grosser Vorsicht auszusprechen sein. Shakespeare's historische Erstlingsarbeit waren die drei Theile Heinrich VI, die sich mit ihren hin- und herwogenden Partheikämpfen am schwierigsten der dramatischen Behandlung fügten und ihm in reiferen Jahren besser gelungen sein würden; bei diesem Werk trifft allerdings Rümelin's, über die Historien allgemein ausgesprochener Tadel einigermaassen zu, „dass sie sich nämlich in ein Schattenspiel lebender Bilder von losem Zusammenhange auflösen, dass der Faden der einheitlichen Handlung fehle." Allein hiervon abgesehen, muss im Grossen und Ganzen anerkannt werden, dass Shakespeare mit feinem historisch-dramatischen Verständniss die richtige Mitte inne gehalten und seinen grossen Historiencyclus so glücklich zwischen der Scylla dialogisirter Geschichte und der Charybdis allzufreier dramatischer

Erfindung der leitenden Charaktere und Thatsachen hindurchgesteuert hat, wie nie ein Dichter vor oder nach ihm. Er besass vor Allem die Gabe, die dem historischen Dichter seinen Werth verleiht, die Gabe, dem bunten Wechsel der geschichtlichen Erscheinungen die ewigen Gesetze abzulauschen, nach welchen sie sich, durch die Jahrhunderte hindurch, nach dem Endziele aller menschlichen Entwickelung hin fortbewegen. Und diese Gabe hat wohl allgemeine geschichtliche Bildung, aber nicht positive Detailkenntniss zur nothwendigen Voraussetzung. Wer mit Marlborough und Chatham die Lächerlichkeit begangen hat, Shakespeare's Historien für Geschichtslehrbücher auszugeben, oder diesen Anspruch an sie zu stellen (soweit geht allerdings Rümelin nicht), der verbessere eben seine eigenen Ansichten über Wesen und Aufgabe des historischen Dramas; aber er verurtheile jene Meisterwerke nicht auf Grund von ästhetisch und wissenschaftlich unberechtigten Anforderungen.

Aehnlich verhält es sich mit dem, von Rümelin übrigens nicht zum erstenmal aufgestellten Vorwurf aristokratischer, dem Bürgerthum feindlicher Geschichtsanschauung. Shakespeare soll überdies den Charakter der Völker und Zeitperioden nicht gekannt, von dem Wesen des englischen Feudalstaats insbesondere nur ein höchst mangelhaftes Bild [1]) in seinen Historien gegeben haben. (Rümelin, S. 98 und 100.) Bezüglich seiner Römerdramen möchten einzelne dieser Vorwürfe nicht als ganz ungerechtfertigt erscheinen, bezüglich der englischen Historien treffen sie sicherlich nicht zu. Zunächst hat Shakespeare keine politischen Tendenzdramen schreiben wollen, wie denn überhaupt die specifische Bedeutung der Rosenkriege für die Entwickelung des englischen Bürgerthums unmöglich noch zu einer Zeit klar erkannt werden konnte, in der die dadurch geschaffenen neuen Elemente des Staatslebens noch in ihrem Entwickelungsprozess begriffen waren. Mit Recht nennen wir in Deutschland jene Historien „Königsdramen". Von höherem, humanistischem Standpunkt aus schildert Shakespeare die Schicksale der Fürsten und Völker in ihrer Wechselwirkung. *Quidquid delirant reges plectuntur Achivi.* Nicht, wie Rümelin (Seite 102) behauptet, das Princip der Legitimität, sondern das Princip der Humanität und Pietät, der ewig waltenden Gerechtigkeit, ist der leitende Gesichtspunkt

---

[1]) Fr. Vischer in seinen „Kritischen Gängen" sagt dagegen (S. 39), dass Shakespeare in der Geschichte des englischen Feudalstaats das innerste Wesen des Feudalstaats überhaupt so rein herausstelle, dass keine Philosophie der Geschichte es besser vermöchte.

jener Dramenreihe. Nicht der Sieg des legitimistischen Princips, sondern die Wiederherstellung des Friedens und der Gerechtigkeit wird in Richmond's Schlussrede gefeiert.

In der That hat nie ein Dichter reiner und höher über den politischen Partheien und Doctrinen gestanden als Shakespeare. Die Legitimität ist ihm nur eine menschliche Kategorie; wo sie mit den ewigen Gesetzen des Guten und Wahren in Conflict tritt, da lässt er ihr Schiff ruhig an diesem *rocher de bronce* seiner Geschichtsanschauung zerschellen.[1]

So wenig wie eine aristokratisch-legitimistische, so wenig wird ein ungetrübtes Auge eine bürgerfeindliche Gesinnung aus seinen englischen Historien herauslesen, wie ausser Rümelin allerdings auch unser berühmtester Aesthetiker Vischer thut.[2] Welche andere Rolle als eine leidende spielte denn der Bürgerstand, der gemeine Mann, in diesen Bürgerkriegen? was haben seine Commoners, indem sie sklavisch die Machtworte jedes neuen Usurpators in Parlamentsbeschlüsse umwandelten, allerhöchstens in Geldbeutelfragen einigen Widerstand wagten, was haben sie Positives geleistet, um die Bürgerkriege zu Ende zu führen, die Bedeutung ihres eigenen Standes zu erhöhen? Die Schlachtfelder und Schaffote eines dreissigjährigen Bürgerkriegs und schliesslich die Staatsklugheit Heinrichs VII. haben den Feudaladel vernichtet und mit dessen Blut den Boden gedüngt, aus welchem dann das Bürgerthum von selbst emporwuchs, wie die Pflanze auf dem vom Unkraut befreiten Acker. Einen selbstbewussten, thätigen Antheil an dieser Entwickelung nahmen die Bürger im fünfzehnten Jahrhundert nicht; deshalb konnten sie auch bei Shakespeare nur in jenen, überall eingestreuten Situationsbildern (so z. B. in Richard III. A. II, Sc. 3) Platz finden, die ihre Leiden, die das ganze Elend des Bürgerkrieges so ergreifend schildern. Das Drama hat es überhaupt nur mit handelnden, nicht mit unthätigen, blos leidenden Factoren zu thun; deshalb können in jenen englischen Historien naturgemäss nur die Könige und die Barone in den Vordergrund treten. Die Sache des leidenden Volkes führt der Dichter selbst, indem er dem legitimen Herrscher wie dem Usurpator gleichmässig seine Pflichten gegen das Volk vorhält und deren Erfüllung oder Vernachlässigung zum alleinigen Kriterium

---

[1] Benno Tschischwitz hat in seiner Broschüre: Shakespeare's Staat und Königthum, Halle, 1866, über diese Frage vortreffliche Gedanken niedergelegt.

[2] Vischer, Kritische Gänge, S. 42.

ihres Werths oder Unwerths, ihrer Berechtigung oder Nichtberechtigung zum Herrscheramte macht. Ich glaube, eine solche Auffassung ist berechtigter und naturgemässer, als die Rümelin's, welcher Shakespeare's Feder von seinen aristokratischen Beschützern und seinen bürgerlich-puritanischen Gegnern wesentlich und direct beeinflusst glaubt. Es ist nicht logisch, demjenigen so kleinliche persönliche Rücksichtnahmen zuzutrauen, welcher sich in den höchsten Fragen, die die Menschheit bewegen, zu so unerreichbarer Höhe freier, vorurtheilsloser Weltanschauung erhoben und den Muth gehabt hat, schon vor drei Jahrhunderten die Grundsätze zu vertreten, welche noch heute der Orthodoxie in Kirche und Staat ein Gräuel sind.

Dass Rümelin's Kritik der Historien übrigens keine Umkehr der bisherigen, vorwiegend günstigen Anschauung Seitens unserer Aesthetiker einleiten wird, verbürgt mir u. A. eine, so eben (Juni 1867) erscheinende Schrift Dingelstedt's über Shakespeare's Historien.[1]) Der geistreiche General-Intendant der Weimar'schen Hofbühne gehört sonst nicht zu den Shakespeare-Ideologen; er steht im Gegentheil dem realistischen Standpunkt Rümelin's näher, als fast alle deutschen Shakespeare-Gelehrten. Die von ihm gebrauchte Bezeichnung „Dramatischer Historien", statt historischer Dramen, zeigt, dass auch er von den Eindrücken nicht unberührt geblieben, welche sich bei Rümelin zu so vernichtenden kritischen Resultaten fortgebildet haben. Und doch geht Dingelstedt in der Werthschätzung der Historien selbst über A. W. v. Schlegel und Gervinus hinaus. Wenn Schlegel dieselben als die grösste, nationale Epopoe bezeichnet, die irgend ein Volk besitze, so nennt sie Dingelstedt: „eine Composition, welcher sich an Grossartigkeit des Gedankens, wie in der Freiheit und Genialität der Ausführung nur ein einziges anderes Gedicht, Göthes Faust, und von den verwandten Künsten das Weltgericht in der Sistina vergleichen lasse, beides, wie die Gallerie der Shakespeareschen Historien, National-Eigenthümer und Heiligthümer."

Der Erklärungsgrund zu dieser diametral entgegengesetzten Würdigung durch verwandte Geister dürfte einfacher zu finden sein, als es den Anschein hat. Rümelin hat die Historien nur studirt; Dingelstedt dagegen hat sie durch sein Verhältniss zur Bühne kennen gelernt, die den alleinigen Schlüssel zum vollen Verständniss Shakespeare's in Händen hat. Ich kann diese Verschiedenheit der Auf-

---

[1]) Shakespeare's Historien. Deutsche Bühnenausgabe v. Fr. Dingelstedt, I.—III. Band (Heinrich VI. in 2 Theilen und Richard III.) Berlin, 1867.

fassung aus eigenem Erleben nachfühlen. Bis zu jenen unvergesslichen Tagen des Weimar'schen Shakespeare-Tercentenary (April 1864), wo der kunstsinnige, seinen leuchtenden Traditionen treu gebliebene Weimar'sche Hof Schiller's unerfüllt gebliebenen Traum verwirklichen liess, wo Dingelstedt den ganzen Historien-Cyclus mit bisher unerreichter Meisterschaft zum erstenmal seit Shakespeare's Zeiten auf die Bühne brachte, widmete ich den meisten Historien nur eine achtungsvolle Aufmerksamkeit; seit jenen Tagen dagegen erfüllen sie mich mit Begeisterung. Hören wir, wie Dingelstedt selbst (Bd. I, S. 12 ff.) die Verschiedenartigkeit der Urtheile über die Historien erklärt: „Woher," sagt er, „diese Widersprüche? Nicht allein von der Verschiedenheit der Standpunkte, die sich entweder an das Wesen, oder an Form und Technik einseitig wenden; sondern hauptsächlich von dem Umstande, dass den Historien, mehr als den Tragödien und Komödien, die allein maassgebende Erklärung ihres Wesens wie ihrer Form gefehlt hat, die Aufführung auf der Bühne. Sie, die für das Theater, fast auf dem Theater gedacht und geschrieben worden sind, überweist man dem einsamen Lesezimmer. Im besten Fall werden einzelne, Richard III., Heinrich IV., Richard II. aus dem Cyclus herausgerissen und, willkürlich verkürzt, zusammenhangslos, unvermittelt auf die Bretter geworfen. Die Historien nach der Lectüre beurtheilen, heisst ein Frescobild nach der Photographie recensiren; einzeln gesehen und gehört, machen sie den Eindruck, wie ein Satz aus einer Symphonie, ein Flügel aus einem Altarbilde herausgerissen. Um sie zu völligem Genuss und Verständniss zu bringen, muss die Schauspielkunst vermittelnd zwischen Dichter und Publikum treten. Für den Dramatiker kennen wir nur einen, allgemein verständlichen Commentar — die Darstellung; nur eine entscheidende Probe — das Theater. Gebt der Bühne zurück, was der Bühne gehört. Stellt den ganzen Cyclus auf die Bretter, wohl zu merken in einer Gestalt, die nicht zu weit abliegt von ihren heutigen Erfordernissen und Voraussetzungen, und auch jetzt noch, nach einer Pause von dritthalb Jahrhunderten und nicht blos in England, werden die Historien lebendig werden, auf Lebendige einwirken. Sie rücken zusammen, die acht Stücke, zu einem einzigen Drama, das nach der strengsten Kunstregel construirt erscheint. Die unabsehbare Menge Personen, deren blosses Namensverzeichniss den Leser irre und ängstlich machen kann, gehen auseinander, lösen sich vom Hintergrunde ab, gewinnen Fleisch und Blut. Der Faden der Handlung, der uns über dem unruhigen Scenenwechsel und in den mannichfach verwickelten Episoden aus dem Auge kommt, zieht sich auf der Bühne sichtbar und greifbar durch das Ganze hin. Ein warmer Hauch des ächtesten, über den Partheien stehenden Patriotismus weht uns an, in vielen Stellen aufschlagend in die glühendste Beredtsamkeit. Erschütternder als in irgend einem anderen Drama übt die Gerechtigkeit in diesem Riesentrauerspiel ihr Amt; nicht jene plumpe, sogenannte poetische Gerechtigkeit („wenn sich das Laster erbricht, setzt sich die Tugend zu Tisch"); auch nicht das blind waltende Fatum der antiken Tragödie; nein, die strenge Nemesis der Geschichte selbst, die das Weltgericht ist und jeder Schuld ihr Maass von Strafe unbestechlich zutheilt. Was endlich die menschliche, ewige Wahrheit der Charaktere wie der Begebenheiten angeht, ei, so können wir, gleich als stände ein Tendenzstück neuesten Styles vor uns, neben jede Person ein Original aus der Gegenwart, unter jede Scene ein Datum aus der Tageschronik schreiben. Wahrlich, die Historien Shakespeare's brauchen keinen Maler, der sie illustrirt, die Geschichte des neunzehnten Jahrhunderts liefert Randzeichnungen zu ihrem Text, die an treffenden Zügen und tiefschneidender Wahrheit nichts zu wünschen übrig lassen."

Ich schliesse hiermit die Darlegung des neuesten Standpunktes unserer ästhetischen Kritik bezüglich der Shakespeare'schen Historien, die gleichwohl nicht überflüssig erschien, indem sich gerade in dem hier zur Besprechung vorliegenden Drama Richard III. die Gegensätze der Beurtheilung am meisten gipfeln. Ich hoffe den Beweis zu führen, dass dieses Stück in seinem ästhetischen Werth bisher noch weit unterschätzt worden ist und viele Lichtpunkte besitzt, die bisher für Flecken galten, dass es insbesondere aber unrichtig erscheint, den Charakter Richard's für den einzigen im Stück zu halten, der unseres Interesses oder unserer Theilnahme würdig sei.

Die nachfolgende Erörterung wird einen besonderen Werth auf die schon von Schlegel als dringend nothwendig empfohlene Vergleichung des Inhalts der Dramen mit den von Shakespeare benutzten Quellen legen; es wird sich ergeben, wie diese Fundgrube bei Weitem noch nicht erschöpft ist. Seine Quelle für die Historien war bekanntlich die 1577 erschienene Chronik Holinshed's;[1]) ausserdem hat er wohl nur noch den Hall gekannt und einzelne wenige

---

[1]) Für die vorliegende Arbeit ist ein in der Grossherzoglichen Bibliothek in Weimar befindliches Exemplar der 2. Ausgabe von 1586 benutzt; hierauf beziehen sich auch die Seitenzahlen.

Stellen daraus benutzt. Die ganze dialektische Färbung jener Chronik machte dieselbe zur Unterlage für die Dramatisirung besonders geeignet; vom wissenschaftlichen Standpunkt aus betrachtet, ist sie nur eine zwar fleissige, aber vollkommen kritiklose Compilation, meist Abschrift oder Auszug aus älteren Chronisten und Monographen, soweit sie dem Compilator gerade zugänglich waren. Indem Holinshed ohne eigenes Urtheil bald dieser bald jener Quelle folgt, ereignet es sich nun häufig, dass dieselben geschichtlichen Facta an verschiedenen Stellen ganz verschieden erzählt, dieselben Charaktere, dieselben Handlungen ganz verschieden beurtheilt werden, ohne dass es ihm einfällt, diese Widersprüche aufzulösen oder ihrer nur zu gedenken. Für Shakespeare selbst, der, ohne ängstliche Aufmerksamkeit auf das Detail, seiner Autorität folgte, ist dieser Umstand die Quelle mancher Irrthümer und Inconsequenzen geworden; sogar Holinshed'sche sinnentstellende Abschreibe- oder Druckfehler (z. B. Richard III., A. V, Sc. 3, *at our „mothers"* statt *„brother's" cost*) sind ruhig in sein Manuscript übergegangen. Vielleicht nirgendwo tritt jedoch in Holinshed, und dieser Umstand ist bisher von unsern Kritikern noch nicht hervorgehoben worden, die verschiedene Behandlung desselben Gegenstandes so auffällig hervor, als bezüglich der von Richard III. handelnden Abschnitte der Chronik; es wird sich zeigen, wie das Uebersehen dieses Umstandes die alleinige Veranlassung zu dem so vielfach behaupteten, neuerdings noch von Kreyssig ausgesprochenen Irrthum ist, als habe Shakespeare (vielleicht aus Gefälligkeit für die Tudors) den Charakter Richard's noch weit über seine Quelle hinaus geschwärzt. Holinshed's Behandlung Richard's zerfällt nämlich in zwei Abschnitte. Der erste umfasst seine Thaten als Prinz des Hauses York und findet sich in den auf Hooker, Stowe, Fabyan, Hall u. A. gestützten Theilen der Chronik, welche die Regierungsgeschichte Heinrich's VI. und Eduard's behandeln. Hier erscheint Richard, Herzog von Gloster, wirklich als der treue, tapfere, uneigennützige Vorkämpfer des Hauses York, wie er sich selbst bei Shakespeare (Richard III. A. I, Sc. 3) der Königin gegenüber darstellt:

> Eh' ihr den Thron bestiegt und eu'r Gemahl,
> War ich das Packpferd seines grossen Werkes,
> Ausrotter seiner stolzen Widersacher,
> Freigebiger Belohner seiner Freunde;
> Sein Blut zu fürsten, hab' ich mein's vergossen.

Von vorhergehegten ehrgeizigen Plänen auf den Thron geschieht keine Andeutung und an den in jene Periode fallenden Verbrechen, insbesondere der Ermordung des Prinzen Eduard von Wales und Heinrich's VI., schreibt ihm die Chronik nur einen solchen Antheil zur Last, wie er in jener Periode der Gräuel und Verwüstung nicht hinreichte, ihn als hervorragend schlecht und grausam zu stempeln. Auch von einer absonderlichen körperlichen Deformität Richard's ist hier noch keine Rede.

Plötzlich vom Tode Eduard's IV. ab, wo Holinshed seine bisherigen Quellen verlässt und das Geschichtswerk des Sir Thomas More[1]) zu Grunde legt, verändert sich das Bild Richard's. Jetzt erst wird er zum Ungeheuer an Körper und Geist, jetzt erst werden ihm längstgehegte Anschläge auf die Krone und Verbrechen zur Last gelegt, von denen vorhin keine Rede war, jetzt überhaupt

---

[1]) Sir Thomas More schrieb sein Geschichtswerk über Eduard V. und Richard III. in lateinischer Sprache, nach Pauli um 1509, nach Holinshed und Anderen um 1513, also etwa ein Vierteljahrhundert nach Richard's Tode, der in More's viertes Lebensjahr fiel. Der allgemeinen Annahme nach empfing er seine Mittheilungen von dem im Jahre 1500 verstorbenen Cardinal Morton, der als Bischof von Ely im Drama vorkommt und geschichtlich einer der thätigsten Verschwörer zum Sturze Richard's war. Nach dieser Quelle ist More's lancastrische Neigung und seine bei den Tudors vorherrschende Animosität gegen Richard III. erklärlich. Das Werk macht schon in seiner eigenthümlichen, durch frei erfundene Reden und Dialoge vielfach unterbrochenen Darstellungsweise durchaus nicht den Eindruck streng wissenschaftlicher Forschung; auch haben Buck, Walpole und Andere viele einzelne Unrichtigkeiten und Oberflächlichkeiten nachgewiesen und klagt ihn namentlich der Letztere sogar absichtlicher Fälschung der geschichtlichen Wahrheit an. Dennoch bildet es, neben der im Todesjahr Richard's geschriebenen Fortsetzung der Chronik von Croyland und den Angaben Fabyan's, eine der wichtigsten Quellen zur Geschichte Richard's. More's Werk (es reicht bei Holinshed von S. 711—737) bricht mitten in einem höchst diplomatischen Gespräch zwischen Buckingham und dem ihm zur Verwahrung übergebenen Bischof Morton ab, worin dieselben sich gegenseitig mit grosser Vorsicht über die Hinneignng zu Richmond aushorchen. Der Schriftsteller und Verleger Grafton nahm das Werk in schlechter Uebersetzung, auch mit verschiedenen Einschiebseln, in seine 1543 herausgegebene Fortsetzung der Hardynge'schen Chronik auf und ward es, unter Nachahmung des More'schen Styls, in der 1548 bei ihm erscheinenden Chronik Hall's weitergeführt, woraus es dann im Jahre 1577 in Holinshed meist wörtlich oder mit geringen Aenderungen und Kürzungen überging. Holinshed's Angabe (S. 710), dass er More's Geschichte Wort für Wort mittheile, ist sonach streng genommen unrichtig: verschiedener Einschiebsel Grafton's und Hall's wird ausdrücklich gedacht.

erscheint er als der Shakespeare'sche Richard. Wenn hiernach also thatsächlich zwei Holinshed'sche Versionen des Charakters und der Handlungen Richard's vorliegen, so hat Shakespeare allerdings die auf More basirte, also die schwärzere gewählt; über diese ist er aber nicht, wie so vielfach behauptet wird, hinausgegangen, sondern er hat sie sogar gemildert, hat die Fäden, welche das Ungeheuer noch mit der Menschheit verknüpfen, verstärkt, statt sie ganz zu lösen.

Shakespeare hat hiermit allerdings aus einer geschichtlichen Quelle geschöpft, die nicht ganz lauter ist. Die Partheilichkeit More's geht nicht blos daraus hervor, dass er Richard, wie wir sehen werden, verschiedener Verbrechen beschuldigt, deren kein sonstiger zeitgenössischer oder späterer Schriftsteller erwähnt, sondern auch aus dem Verschweigen von Umständen, welche mit Bestimmtheit zu der Annahme berechtigen, dass Richard zur Zeit des Todes Eduard's IV., oder gar vorher, noch keine ehrgeizigen Anschläge auf die Krone gehabt haben kann. Hierzu gehört insbesondere der Umstand, dass Richard nach dem, von More in einem späteren Abschnitt nur ganz beiläufig (Holinshed S. 735) erwähnten, zu York abgehaltenen Todtenamt für König Eduard IV. die Edelleute der Grafschaft dem jungen König Eduard V. Treue schwören liess und selbst der Erste war, der diesen Schwur leistete, auch schriftlich der Königin sein Beileid bezeugte und ihr und dem jungen Könige seine Dienste anbot. Es spricht dies, wie Pauli richtig bemerkt, durchaus nicht für das bereits Vorhandensein verbrecherischer Anschläge Richard's auf die Krone, da es ihm nur den Weg dazu erschwert hätte. Es scheint sich umgekehrt historisch begründen zu lassen, dass Richard erst durch die Königin und ihre Parthei in diese Richtung gedrängt worden ist, indem sie den jungen König seinem legitimen Einfluss entziehen und das durch Tradition wie durch Anordnung Eduard's IV. auf Richard übertragene Protectorat selbst an sich reissen wollten. Möglicherweise hat er mit der Gefangennehmung und Hinrichtung von Rivers, Grey und Vaughan nur das Prävenire des ihm selbst zugedachten Schicksals gespielt. Ebenso sind More's Erzählungen über die Intriguen zur Erlangung der Krone lückenhaft und gefärbt; denn es hat allen Anschein, als wenn Richard's Thronbesteigung keineswegs allgemein gemissbilligt worden wäre, als wenn man sie, im Volk wie beim Adel, einem Regiment der Parthei der Königin, wenn auch als *pis aller*, vorgezogen habe, als wenn insbesondere die Ansicht von der Ungültigkeit der Ehe Eduard's IV. mit Elisabeth wirklich allgemein verbreitet gewesen sei. Die zur Berichtigung More's vorhandenen historischen Quellen fliessen indess so spärlich, dass man darauf verzichten muss, jemals helles Licht über diesen dunkelsten Theil der englischen Geschichte verbreitet zu sehen. So wenig es aber Buck, Horace Walpole[1]) u. A. gelungen ist, Richard von allen ihm zur Last gelegten Verbrechen weiss zu waschen, so wenig kann die einseitige, tudoristisch gefärbte More'sche Schilderung heute noch auf volle historische Glaubwürdigkeit Anspruch machen. Ausser einigen aufgefundenen Briefen, Parlamentsrollen u. dgl. ist es hauptsächlich die weniger partheiische Fortsetzung der Chronik von Croyland,[2]) der sogenannte *Croyland Continuator*, wodurch die aus More in Holinshed übergegangene Lebensbeschreibung Richard's berichtigt werden muss, um der geschichtlichen Wahrheit näher zu kommen.

Shakespeare hat den *Croyland Continuator* eben so wenig gekannt, als überhaupt nur der Verdacht aufkommen kann, er sei absichtlich einer unlauteren Quelle gefolgt. Fast alle historischen Entdeckungen zu Gunsten Richard's sind neueren Datums; zu Shakespeare's Zeiten fiel das Schreckensbild, welches er von Richard entwirft, vollständig mit der historischen Forschung zusammen und die Volkstradition, dieser wichtige Factor für die Dichter historischer Dramen, färbte ihn wahrscheinlich noch schwärzer, wie wir aus einzelnen Beispielen sehen werden. Richard war nicht blos die

---

[1]) Sir George Buck schrieb 1646: *The Life and Reign of Richard III.* (abgedruckt in Kennet's *History of England*), welches die 1767 von Horace Walpole in seinen *Historic Doubts on the Life and the Reign of King Richard III* bis in's Paradoxe verfolgte Richtung einleitet, jenen unter den Tudors fast bis zur historischen Unkenntlichkeit geschwärzten Monarchen von allen, oder doch fast allen der ihm zur Last gelegten Verbrechen zu reinigen, beziehungsweise dieselben zu entschuldigen. Jedenfalls haben beide Werke, trotz ihrer Uebertreibungen, viel zur Klärung des Urtheils über jene Geschichtsperiode und insbesondere zur Berichtigung der von Shakespeare benutzten Quellen beigetragen.

[2]) Die zweite Fortsetzung der *Historia Croylandensis* geht von 1459 bis 1485, dem Todesjahr Richard's III., in welchem sie aller Wahrscheinlichkeit nach auch niedergeschrieben wurde. Sie ist von einem, dem Namen nach unbekannten Prior jenes Stifts verfasst, den Eduard IV. gelegentlich in seinen Diensten verwandte. Der Verfasser ist Yorkist, also insofern Gegner des More'schen Lancaster-tudoristischen Standpunktes und urtheilt, obgleich Feind Richard's, doch jedenfalls gerechter über diesen als jener. Ausser dem Verfasser dieser Chronik und More ist nur noch Robert Fabyan, der 1512 in London starb, als zeitgenössischer Schriftsteller von einiger Bedeutung für jene Geschichtsperiode anzusehen; Polydor Virgil verdient der Erwähnung nicht.

bête noire der Tudor'schen Dynastie, sondern auch des englischen Volkes, gleichwie Heinrich V., mit ähnlicher Uebertreibung nach der anderen Seite hin, dessen Lieblingsheld war.

Shakespeare fand den Charakter Richard's nach der More'schen Version [1]) und nach der Tradition gerade wie er ihn brauchte, um die historische Idee seiner Dramenreihe zu dem ästhetisch gebotenen Abschluss zu führen; er hatte nicht nöthig ihn heller oder dunkler zu färben. Es ist ein Haupterklärungsgrund des ungeheueren Bühnenerfolges dieses Stückes in England, dass hierbei die von dramatischen Motiven gebotene Charakterzeichnung, im Grossen und Ganzen so vollständig mit der Volkstradition und der historischen Facticität zusammenfällt.

Ich werde in den Anmerkungen zu dieser Abhandlung, die mit Ausschluss aller philosophischen Speculation die Handlung und die Charaktere des Stücks gemeinfasslich darzustellen sucht, noch öfter, des allgemeinen wissenschaftlichen Interesses halber, auf die Verstösse Shakespeare's und Holinshed's gegen die geschichtliche Wahrheit zurückkommen;[2]) für die Beurtheilung des Drama's selbst hat dies keine Bedeutung, denn hier handelt es sich nur darum, zu untersuchen, wo und in welcher Absicht Shakespeare sich von seiner eigenen historischen Quelle, also von Holinshed, entfernt hat. Je treuer er derselben im Ganzen bei vorliegendem Stücke folgt, je bedeutsamer wird jede dieser Abweichungen.

Die primitive Charakterentwickelung Richard's fällt in den 2. und namentlich 3. Theil des Drama's Heinrich VI. Wie bereits erwähnt, hat sich aber Shakespeare hierbei wohl in allem Uebrigen, nicht aber bezüglich der Charakteristik Richard's auf das Material gestützt, welches in dem gleichzeitigen Abschnitt der Chronik, den Regierungszeiten Heinrich's VI. und Eduard's IV., enthalten ist; er nahm vielmehr das Charakterbild Richard's wie er es in dem späteren More'schen Theil der Chronik fand, dasselbe nach rückwärts bis in's zarte Jünglingsalter hinein entwickelnd. Er weicht hierbei

---

[1]) Holinshed, S. 712.
[2]) Von neueren Schriftstellern sind hierbei hauptsächlich John Lingard und R. Pauli benutzt, wovon jener seiner Unpartheilichkeit halber in England in hohem Ansehen steht (obgleich er Katholik war), während Pauli's Werk bei uns des wohlverdientesten Rufes geniesst.

von der Geschichte, wie von seiner Chronik in höchst bedeutungsvoller Weise ab, indem er Richard bereits (Heinrich VI., 2 Theil, A. V, Sc. 1) mit dem Ausbruch des Bürgerkrieges vor der ersten Schlacht bei St. Albans (23. Mai 1455) handelnd auftreten lässt, wo derselbe sich in Wirklichkeit noch als dreijähriger Knabe (er war am 2. October 1452 zu Fotheringay geboren) am Hofe seiner Schwester, der Herzogin von Burgund, im Ausland befand. In der Geschichte tritt Richard, wie Holinshed richtig erwähnt, zum erstenmal auf, indem er, 19 Jahr alt, mit seinem nach dem Festlande geflüchteten Bruder Eduard im März 1471 nach England zurückkehrt. (Heinrich VI., 3.Theil, A. IV, Sc. 7.) In jener freien Erfindung Shakespeare's liegt der Beweis, dass der 2. und 3. Theil von Heinrich VI. mit Richard III. gleichzeitig entworfen worden sind, sowie der indirecte Beweis, dass die beiden älteren Stücke, worauf der 2. und 3. Theil von Heinrich VI. basiren, ebenfalls von Shakespeare herrühren, indem sich in ihnen bereits die ganze frei erfundene Exposition des Haupt-Charakters vorfindet, die ohne den Abschluss in dem, unzweifelhaft von Shakespeare herrührenden Drama Richard III. dorten gar keinen Sinn hätte.[1])

---

[1]) Ich habe somit, wie es fast Mode geworden, in der grossen Controverse über die Autorschaft der beiden älteren, dem 2. u. 3. Theil von Heinrich VI. zu Grunde liegenden Stücke, auch meine Ansicht ausgesprochen, wonach dieselben *piratical editions* der ersten, von Shakespeare selbst herrührenden Bearbeitung dieses Stoffes sind. Es ist dies im Wesentlichen die Ansicht von Johnson, Steevens, Knight, Schlegel, Tieck, Ulrici und Delius, während Malone, Collier, Dyce, Courtenay, Gervinus, Kreyssig und die französischen Kritiker für die Autorschaft Greene's oder Marlowe's sind. Clark, Wright, Halliwell, Lloyd u. A. räumen wiederum Shakespeare einen Theil an der Abfassung jener älteren Werke ein, sei es die Mitautorschaft, sei es die Ueberarbeitung noch älterer verloren gegangener Werke, deren Fortsetzung Lloyd in der 1594•erschienenen *True Tragedy of Richard III.* zu erkennen glaubt. Die Titel dieser streitigen ersten Bearbeitungen sind: *The first Part of the Contention of the Two Famous Houses of York and Lancaster*, welches 1594 und *The true Tragedy of Richard Duke of York*, welches 1595 in Quartausgabe erschien; 1619 kam ein gemeinschaftlicher Abdruck beider heraus, welcher zum erstenmal Shakespeare als Verfasser nannte. In der ersten Folioausgabe von 1623 erschienen dann an deren Stelle der 2. u. 3. Theil von Heinrich VI. in der jetzigen Gestalt, wodurch allerdings jene älteren Werke ansehnlich verbessert und erweitert werden.

Ich kann mir kaum denken, wie Jemand, der die älteren Stücke wirklich gelesen, der insbesondere' der Charakteristik Richard's und den Beziehungen, die diese Stücke mit dem unzweifelhaft Shakespeare'schen Richard III. verbinden, nur einige Aufmerksamkeit geschenkt hat, an der Autorschaft Shake-

Das erste Debut Richard's (2. Thl. Heinrich VI., A. V, Sc. 1-3) legt Shakespeare, wie gesagt, in die Zeit des ersten Ausbruchs der Bürgerkriege. Mit rücksichtsloser Entschlossenheit tritt er den Feinden seines Vaters York in Wort und That entgegen; das

speare's zweifelt, verweise übrigens auf die desfallsigen gediegenen Abhandlungen von Delius in der Einleitung zum 3. Theil von Heinrich VI., und von Ulrici in seinem grossen Werk über Shakespeare's dramatische Kunst und in dem I. Band des Jahrbuchs der Deutschen Shakespeare-Gesellschaft. Delius und Ulrici dürften diese Streitfrage überhaupt zum letzten Anstrag gebracht haben. Meiner Ansicht nach ist es lediglich der Einfluss Malone's, der mit seiner Zählung der abweichenden, weggelassenen und zugesetzten Zeilen eine schönwissenschaftliche Frage durch die Arithmetik zu lösen versucht, was der entgegengesetzten Ansicht die Grundlage gegeben hat. Malone ist eben einer jener Haarspalter und Silbenkrämer, denen Shakespeare die Einsicht in sein Wesen auf ewig verschlossen hat.

Ich möchte bei dieser Gelegenheit einen Anachronismus Shakespeare's hervorheben, der bisher der Aufmerksamkeit entgangen zu sein scheint. Derselbe findet sich im 2. Theil von Heinrich VI., A. IV, Sc. 7. Cade führt hierselbst unter den Gründen, weshalb er den Lord Say zum Tod verdammt, auch den an, dass derselbe „zum Nachtheil des Königs, seiner Krone und Würde eine Papiermühle gebaut habe." „*And against the Kings Crowne and diguitie thou hast built up a paper mill*" steht in der „*Contention*" und fast wörtlich auch in Heinrich VI. Nun erfahren wir aber aus der Gewerbegeschichte (s. u. A. *Encyclop. Britannica* V. 96, p. 11), dass die erste grössere Papierfabrik in England erst zu Shakespeare's Zeiten unter Königin Elisabeth im Jahre 1588 gegründet wurde und zwar zu Dartford, Grafschaft Kent, der Heimath Cade's. In den Rechnungen Heinrich's VII. kommt zwar schon, wie Pauli nach den Exc. Hist. 117 erwähnt, ein Darlehn an einen Papiermüller vor, auch besichtigte er (s. *Rye, England as seen by Foreigners*) 1498 eine Papiermühle und gab bei dieser Gelegenheit 16 Schilling 8 Pence Trinkgeld, doch scheint dieser Gewerbszweig trotz der Bemühungen des Königs nicht recht fortgekommen zu sein. Jenes Ereigniss muss damals, also ganz kurz vor der Zeit, wo Shakespeare sein Stück schrieb, grosse Sensation erregt haben, indem nach Rye Tausende nach Dartford strömten, um die grossartige Papierfabrik zu sehen. Ein Dichter Thomas Churchyard verfasste sogar eine poetische Beschreibung derselben. Elisabeth (nach Rye Jacob I.) verlieh dem Gründer, einem Deutschen Namens Spielmann, zum Lohn die Ritterwürde, nachdem er vorher schon das Prädicat eines Hofjuweliers erhalten. Höchst wahrscheinlich liefen gleichzeitig im Munde des gegen alles Neue misstrauischen Volkes jene ergötzlichen Ansichten über diesen neuen Erwerbszweig um, welche Shakespeare dem Cade hierüber in den Mund legt Dieses Verpflanzen von Ereignissen, die zu seiner Zeit Epoche machten, in die Handlung seiner Dramen ist überhaupt für Shakespeare, wie auch Kreyssig richtig bemerkt, ganz charakteristisch und erklärt viele seiner Verstösse gegen die Chronologie, während seine sonstigen Sünden gegen Geographie und

Schlachtfeld von St. Albans, wo er Somerset tödtet und Salisbury's Leben schützt, wird der erste Zeuge seiner wilden Tapferkeit und Unerschrockenheit. Der Vergleich, welchen York nach dieser Schlacht mit den Lancasters eingegangen und wonach ihm die Krone erst nach dem Tode Heinrich's VI. zufallen sollte, gefällt seinen heissblütigen Söhnen und Anhängern nicht. Richard (3. Thl. Heinrich VI. A. I; Sc. 3) erhält hier, indem er seinen Vater zum Eidbruch verleitet, Gelegenheit einen weiteren Charakterzug jesuitischer Casuistik zu entwickeln und zugleich zum erstenmal seiner Begeisterung für den Besitz der Krone Worte zu leihen. York fällt bei dem Versuch die Krone an sich zu reissen.

Bei Mortimer's Cross (A. II, Sc. 1) erhalten Eduard und Richard die Nachricht vom grausamen Tode ihres Vaters und ihres Bruders, des jungen Rutland.¹) Eduard bricht kleinmüthig in Klagen aus, wünscht den eigenen Tod herbei. Richard aber richtet die durch doppelte Niederlagen entmuthigten Anhänger wieder auf und wird die Seele des fortgesetzten Widerstands, den Eduard, des Vaters Erbe, fallen gelassen haben würde. In der Schlacht bei Towton (A. II, Sc. 3—6) siegt das Haus York; Eduard ernennt auf dem Schlachtfelde (geschichtlich bei der Krönung) Richard zum Herzog von Gloster, und besteigt den Thron.

So hat Shakespeare alle Grundzüge im Charakter Richard's ohne jede historische Unterlage frei entwickelt, seine Entschlossenheit und Tapferkeit, seine jesuitische Casuistik, wie seine begeisterte Meinung von dem Besitze der höchsten Gewalt. Eine unmittelbar egoistische Tendenz konnte dabei noch nicht hervortreten, selbst wenn sie schon in ihm gelegen hätte; klüger und weniger hastig als sein Bruder Clarence fühlte er wohl, wie es zuerst der Befestigung der Dynastie York galt, ehe für ihn etwas zu erreichen sei. Dieser Moment tritt nun allmählich näher. Eduard besitzt die Krone,

Geschichte theils auf Rechnung des phantastischen Charakters der betreffenden Stücke kommen, theils der mangelhaften Schulbildung seiner Zeit zur Last zu legen sind, ganz abgesehen von den Unrichtigkeiten, die Abschreiber, Herausgeber und Setzer hineingetragen haben mögen. — Auch dieser kleine Zug, der meines Wissens keinem von Shakespeare's Vorläufern oder Zeitgenossen eigenthümlich ist, spricht demnach für seine Autorschaft der „Contention", falls es überhaupt so kleinlichen Beweismaterials bedürfte.

¹) Shakespeare lässt denselben absichtlich, um den Eindruck der grausen That zu erhöhen und die nachfolgenden Rachescenen der Yorks gleichsam in milderem Lichte erscheinen zu lassen, als jüngstes Kind Yorks auftreten, während doch Rutland älter als Clarence und Richard war.

aber er verwirkt zugleich die Achtung der Brüder durch seinen Leichtsinn. Nach der Werbescene Eduard's um Lady Grey (A. III, Sc. 2) folgt der Monolog Richard's, der erste aus der berühmten Reihe, welche dieses und das folgende Drama zieren, allerdings zugleich etwas überladen, wie auch Mezières richtig bemerkt. Richard enthüllt hier zum erstenmal sein Inneres; er zeigt uns das Triebwerk, wo wir bisher nur Symptome sahen. Sein Ehrgeiz ist nicht, wie der des Macbeth, an der Gelegenheit emporgewachsen;[1]) er hat sich ein philosophisches System zurecht gemacht, wonach ihm das Trachten nach der Krone, das er zum erstenmal offen ausspricht, natürlich und gerechtfertigt erscheint. Die tiefe Verbitterung über seine körperliche Missgestalt tritt hier als der Grundzug seines Charakters hervor. Jedes Wesen, so argumentirt er ungefähr, sei zum Genuss irdischer Glückseligkeit geboren; mit dem allen körperlich Missgebildeten eigenen Neide sieht er das naturgemässe höchste Lebensglück in der Liebe. Diese sei ihm versagt:[2])

> Und bin ich also wohl der Mann zum Lieben?
> O schnöder Wahn, nur den Gedanken hegen!
> Weil denn die Erde keine Lust mir beut,
> Als herrschen, meistern, andre unterjochen,
> Die besser von Gestalt sind als ich selbst,
> So sei's mein Himmel, von der Krone träumen.

Er vindicirt sich also gleichsam die Berechtigung, das Glück auf dem einzigen Wege zu suchen, der ausser der Liebe Reiz für ihn hat und welchen erfolgreich zu wandeln er in sich die Befähigung fühlt:

> Kann ich doch lächeln und im Lächeln morden,
> Und rufen: schön! zu dem, was tief mich kränkt,
> Die Wangen netzen mit erzwungenen Thränen
> Und mein Gesicht zu jedem Anlass passen. —
> Und kann ich das, und keine Kron' erschwingen?
> Ha! noch so weit herab will ich sie zwingen.

---

[1]) Ueber die Verschiedenheit der Charaktere Richard's und Macbeth's haben sowohl Guizot (*Shakespeare et son temps* S. 396) als Vischer (Kritische Gänge S. 58) treffende Bemerkungen gemacht.

[2]) Ich citire alle Stellen nach A. W. v. Schlegel's vortrefflicher Uebersetzung dieses Drama's, die mit Recht die populärste in Deutschland ist und auch wohl bleiben wird. Herrn G. Reimer verdanke ich die interessante Notiz, dass Schlegel, wie er ihm persönlich mitgetheilt, an der Uebersetzung Richard's III., die zu seinen besten zählt, nur vier Wochen gearbeitet hat.

Nach einer Scene (A. IV, Sc. 1), in welcher sich sein besonderer Hass gegen die Parvenue Elisabeth Gray, seines Bruders Eduard's IV. Gemahlin, ausgesprochen und in welcher er Clarence ruhig von den Yorks abfallen lässt, selbst aber Eduard treu zu bleiben erklärt:

> Mein Sinn geht auf ein weit'res Ziel,
> Ich bleibe Eduard nicht, der Krone nur zu lieb.

bricht der Bürgerkrieg wieder los. Eduard wird gefangen genommen und (A. IV, Sc. 5) durch Richard's List befreit, um nach Flandern zu flüchten.

Hier endet, wie bereits oben erwähnt, die freie Erfindung Shakespeare's bezüglich Richard's Charakteristik und von der Rückkehr aus den Niederlanden und der Landung bei Ravenspurg an (Holinshed S. 679), sind dessen fernere Handlungen auf Holinshed's Erzählungen basirt. Dieser Quelle und auch der wirklichen Geschichte (selbstverständlich mit den nothwendigen Zusammenziehungen) im Wesentlichen treu bleibend, treten doch auch hier interessante Abweichungen hervor, welche zeigen, wie scharf und bestimmt Shakespeare stets die Charakterentwickelung Richard's im Auge behält. Der zurückgekehrte Eduard will nämlich, wie seiner Zeit der an demselben Punkt aus dem Exil zurückgekehrte Bolingbroke (nachmals Heinrich IV.), zunächst nur das väterliche Erbe, das Herzogthum York, zurückfordern.[1]) Nach Holinshed (S. 680) sind es Burgh und Montgomery, die ihn auffordern, aus dieser Halbheit herauszutreten und kühn das königliche Banner der Yorks zu entfalten; bei Shakespeare kommt Richard, mit der ihn nie verlassenden, kühn und bestimmt das Ziel im Auge haltenden Entschlossenheit, der Beredtsamkeit Montgomery's zu Hülfe:

> Kühner Muth erklimmt am ersten Thronen,
> Bruder, wir rufen auf der Stell' euch aus!

Er giebt den Ausschlag; Eduard's Siege bei Barnet (14. April 1471) und Tewksbury (3. Mai 1471), erfochten unter glänzender Mitwirkung Richard's, der stets die Vorhut befehligte, besiegeln den Fall des Hauses Lancaster.

---

[1]) Der Chronist (S. 680) erzählt, Eduard habe sogar in einer Kirche York's einen Eid der Treue für Heinrich VI. geleistet und schreibt diesem Eidbruch das spätere Unglück seiner Familie zu.

Auf dem Schlachtfelde bei Tewksbury findet nun die Ermordung des jungen Erben der Lancaster-Dynastie, des Prinzen Eduard statt (A. V, Sc. 5), woran Richard Theil nimmt[1] und damit bei Shakespeare in die Laufbahn der Verbrechen eintritt, die von jetzt ab den Weg bezeichnen, den er „mit blut'ger Axt sich haut" (A. III, Sc. 2). Die Holinshed'sche Erzählung dieses Vorgangs fällt, wie aus den früheren Erörterungen hervorgeht, nicht in den auf Thomas More basirten Theil der Chronik; Shakespeare folgt hierbei seiner Autorität, wonach der Vorgang nicht als ein von Eduard oder gar von Richard prämeditirter Mord, sondern als eine in der Aufregung der eben beendigten blutigen Schlacht begangene, durch die trotzig herausfordernden Worte des jungen Prinzen veranlasste That dargestellt wird. Nach Holinshed schlug ihn Eduard mit dem Panzerhandschuh in's Gesicht, wonach ihn Clarence, Richard, Grey, Dorset und Hastings umbrachten. Im Gegensatz zu den Behauptungen Courtenay's, Walpole's und vieler anderen Kritiker, dass Shakespeare Richard's Charakter noch über seine Quelle hinaus schwärze, vermindert er hier sogar die Schwere seiner Mitschuld, indem er Eduard nicht, wie bei Holinshed, den Prinzen blos in's Gesicht schlagen, sondern denselben mit dem Degen durchbohren lässt. Eduard ist also bei Shakespeare der eigentliche Mörder; Richard führt nur den zweiten Streich, gleichsam den Gnadenstoss:

Zuckst du? Nimm dies, um deine Qual zu enden.

Eine fernere, feingefühlte und wie ich aus Analogien zeigen werde, wohlbedachte Milderung für Richard's Theilnahme am Mord liegt in den höhnenden, seine Missgestalt verspottenden Worten:

Stopft dem Bucklichten das Maul!

die Shakespeare dem unglücklichen Prinzen Eduard in den Mund legt. Shakespeare befolgt hier zugleich die Regel der Steigerung;

---

[1] Geschichtlich erwiesen ist die Theilnahme Richard's an dem Morde des Prinzen Eduard keinesweges; nur Holinshed erwähnt derselben nach Hall. Fabyan bezeichnet die „*Kings servants*" als Mörder. Der *Croyland Continuator* sagt, der Prinz sei „*ultricibus quorundam manibus*" getödtet worden, ohne Namen zu nennen. Auch More, der doch sonst alle Verbrechen Richard's recapitulirt, erwähnt von diesem nichts. Walpole, Lingard, Courtenay u. s. w. halten hiernach Richard mit Recht für unbetheiligt an diesem Frevel. Pauli glaubt sogar, einem Passus der Chronik von Tewksbury zufolge, dass der Prinz in der Schlacht selbst gefallen sei.

das erste Verbrechen wird eher verkleinert, um die nachfolgende grause Reihe des Königs-, Bruder-, Gatten- und Prinzenmordes stufenweise um so stärker hervortreten zu lassen. Dass Margarethe dem Morde ihres Sohnes beiwohnt, und dass Richard in seiner Wuth auch diese tödten will, sind freie Erfindungen Shakespeare's. In dem bei Shakespeare sich unmittelbar hieran anschliessenden zweiten Verbrechen Richard's, der Ermordung Heinrich's VI. im Tower (A. V, Sc. 6), mildert nun allerdings Shakespeare weniger; allein er geht auch nicht über seine Quelle hinaus, wenn man neben dem, was Holinshed in dem Abschnitt Heinrich VI. über Richard's Schuld sagt,[1]) die später in dem More'schen Theil der Chronik enthaltenen Beschuldigungen des prämeditirten, in selbstsüchtiger Absicht und ohne Auftrag Eduard's begangenen Mordes in's Auge fasst. Bei jener ersten Erwähnung schiebt Holinshed dem Morde nur Motive brüderlicher Liebe Richard's unter; diese Version passte selbstverständlich nicht in die von Shakespeare nach More aufgestellte Charakteristik.

Auf Heinrich's Ermordung (welcher Shakespeare wiederum höhnende Aeusserungen über Richard's Missgestalt vorausschickt) folgt dann unmittelbar das zweite Selbstgespräch Gloster's. Im ersten Monolog (A. III, Sc. 2) sah er noch keine bestimmte Bahn vor sich, sah die Hindernisse sich noch fast zu Unmöglichkeiten thürmen.

---

[1]) Holinshed sagt (S. 690), Richard habe Heinrich mittelst eines Dolches ermordet, *„to the intent that his brother King Edward might reigne in more suretie"*, also gleichsam aus brüderlicher Liebe. In einer späteren aus More geschöpften Stelle (S. 712) wird dagegen Eduard's IV. Auftrag oder Mitwissenschaft an diesem Mord ausdrücklich in Abrede gestellt und derselbe bereits mit Richard's Absichten auf die Krone in Verbindung gebracht. Diese That Richard's ist ebensowenig geschichtlich erweisbar als die Theilnahme am Mord des Prinzen Eduard, hat jedoch eher eine Wahrscheinlichkeit für sich. Nur die tudoristisch gefärbten Schriftsteller Holinshed und Hall, die hier aus Polydor Virgil, der vor 1538 schrieb und aus More schöpften, desgleichen Fabyan, beschuldigen ihn direct. Der *Croyland Continuator* drückt sich absichtlich undeutlich aus, indem er von dem Mörder sagt: *unde et ayens tyranni titulum mereatur*, was die meisten auf Richard deuten, während es nach Walpole auf König Eduard hinzielen soll. Wie auch schon Holinshed mittheilt, haben die Yorkistischen Schriftsteller jener Zeit verbreitet, Heinrich sei aus Kummer und Traurigkeit eines natürlichen Todes gestorben; er selbst zweifelt hieran, da Heinrich so lebhafter Affecte gar nicht fähig gewesen sei (S. 691). Nach allem dem halten Courtenay und Walpole Richard's Thäterschaft für unwahrscheinlich; Lingard und Pauli halten sie nicht für streng erwiesen, jedoch für wahrscheinlich.

Jetzt ist er auf dem Weg; mit satanischer Bestimmtheit eröffnet er die Perspective der weiteren Verbrechen, die ihn an's Ziel führen sollen; auch hier versäumt er aber nicht, seine casuistische, zur Selbstentschuldigung erfundene Philosophie auszubreiten und gleichsam dem Himmel, der seinen Leib so hässlich formte, der ihm den Weg zur Liebe versperrte, die Verantwortung für seine verbrecherische Richtung aufzubürden. Die mächtigen Worte:

> Weil denn der Himmel meinen Leib so formte,
> Verkehre demgemäss den Geist die Hölle.
> Ich habe keinen Bruder, gleiche keinem,
> Und Liebe, die Graubärte göttlich nennen,
> Sie wohn' in Menschen, die einander gleichen,
> Und nicht in mir, ich bin ich selbst allein!

sind der Inbegriff seiner Lebensanschauung. Man beachte überhaupt wohl, dass Richard gegen sich selbst zwar cynisch offen ist, alle Verbrechen, die er begehen will, beim rechten Namen nennt, dass er sich aber vorher durch Selbstlüge die Berechtigung zu diesen Verbrechen vindicirt hat.[1]) Hierdurch scheidet er sich vom gemeinen Mörder und wird in Verbindung mit seiner historischen Mission zum Gegenstand der Tragödie, und in Verbindung mit seiner enormen Willenskraft und Intelligenz zum Gegenstand unseres Interesses.

Um zum Schluss das Charakterbild zu vervollständigen und auch die Seite schon anzudeuten, welche erst in den folgenden Dramen zur eigentlichen Entwickelung gelangen soll, lässt ihn Shakespeare (A. V, Sc. 7) in den gleissnerischen Liebesworten und in dem Judaskuss an Eduard's Erstgebornen, die Kunst der Lüge und Verstellung zum erstenmal thatsächlich üben, deren er sich selbst in seinen Monologen rühmte. So sind alle die unheilverkündenden Elemente zusammengebracht, so hat sich die Wetterwolke zusammengeballt, die sich über das unglückliche Land, über die unglückliche Familie Eduard's entladen wird.

Wir sind also nunmehr bei der uns speciell beschäftigenden Tragödie Richard III. angelangt.[2]) Der Charakter Richard's liegt

---

[1]) Dies übersieht *Mézières (Shakespeare, ses oeuvres et ses critiques.* Paris, 1865, S. 196), wenn er die Offenheit Richard's gegen sich selbst unnatürlich findet.

[2]) Von derselben erschien eine erste Quart-Ausgabe 1597 im Druck,

also bei Beginn des seinen Namen führenden Dramas bereits vollständig entwickelt vor. Von jetzt an führt er selbst die Handlung, in die er bisher nur eingriff. Der erste Monolog wiederholt in neuer, rhetorisch gewandter Ausführung die Gedanken des letzten Selbstgesprächs in Heinrich VI., mit einem Situationsbild der üppigen Regierung Eduard's IV. durchwebt, welches die folgenden Unterredungen mit Clarence, Hastings und den Anhängern der Königin vervollständigen. Wenn Rümelin (S. 105) bedauert, dass die sich chronologisch hier anschliessende eilfjährige, verhältnissmässig ruhige Regierung Eduard's IV. von Shakespeare übergangen und derselbe als ein, schon vom Tode Heinrich's VI. an, hinsiechender und bedeutungsloser Herrscher dargestellt sei, so dürfte dies Bedauern nur ein weiterer Beleg für seine unrichtige Auffassung der Aufgabe des historischen Dramas sein. Im Vergleich zu der in Heinrich VI. zu weit getriebenen, der dramatischen Einheit schädlichen Anlehnung an das historische Detail des Bürgerkrieges bekundet Shakespeare gerade in dieser Ausscheidung der völlig undramatisirbaren Regierungszeit Eduard's einen grossen Fortschritt in seiner Kunst. Indem er, der zu Grunde gelegten historischen Idee entsprechend, Richard's Charakter aus den Schlachten, Sünden und Verräthereien des Bürgerkrieges herauswachsen liess, um das unglückliche Land dem Höhepunkt seiner Leiden und, jenseits desselben, dem Morgenroth einer besseren Zukunft entgegenzuführen, wäre es so unpoetisch wie unökonomisch gewesen, die nach den Zufällen historischer Facticität dazwischen fallende, verhältnissmässig ruhige, aber für die Schlussentwickelung bedeutungslose Episode von Eduard's Regierung dramatisiren und die mit Richard ihrem Ende zudrängende Handlung aufhalten zu wollen. Was sollte Richard in einem Drama Eduard IV. für eine Rolle spielen? Konnte diese „schwarze Gewitterwolke", um mit

---

welcher (wie die Cambridge Edition nachweist) bis 1634 noch sieben andere folgten, ein Beweis der grossen Popularität des Stückes. Drei davon sind spätern Datums, als die 1623 erschienene erste Folio-Ausgabe. Bezüglich der Zeit der Abfassung und ersten Aufführung schwanken die Kritiker zwischen den Jahren 1593 und 1597. Ich möchte mich, von anderen Gründen abgesehen, schon um desswillen für die früheste Jahreszahl entscheiden, weil die beiden letzten Theile Heinrich's VI. in ihrer ursprünglichen Fassung, nach ziemlich allgemeiner Annahme, schon 1590 und 1591 aufgeführt worden sind und Shakespeare sich gewiss beeilt haben wird, denselben den unentbehrlichen Schluss hinzuzufügen, auf welchen sie, wie gezeigt, ganz speciell angelegt worden sind, so dass ihr voller Bühnenerfolg erst rückwärts von dem Erfolg Richard's III. erwartet werden durfte.

Schlegel zu reden, deren Aufsteigen wir in Heinrich VI. verfolgten, noch ein ganzes Drama hindurch unbeweglich am Horizont schweben bleiben? Shakespeare hat der wirklichen Geschichte, wie der geschichtlichen Idee seines Historiencyclus, vollkommen Genüge geleistet, indem er aus der Regierungszeit Eduard's IV. nur die Ueppigkeit und Sittenlosigkeit hervorhob, welche auf die Greuel des Bürgerkrieges folgte, — die Cäsarenwollust (Eduard IV.), als klassische Station auf dem Wege von der Schwäche (Heinrich VI.) zur äussersten Tyrannei (Richard III.). Durchaus will ich hiermit indess nicht gesagt haben, dass Shakespeare nach einem solchen abstracten Schema gearbeitet habe; in dieser Frage konnte die dichterische Intuition auf den gleichen Weg führen, wie die philosophische Reflexion.

Zu dem Monologe (A. I, Sc. 1) zurückkehrend, so gipfelt sich auch hier wieder Richard's Lebensanschauung in den Worten:

> Ich nun in dieser schlaffen Friedenszeit
> Weiss keine Lust, die Zeit mir zu vertreiben,
> Als meinen Schatten in der Sonne späh'n
> Und meine eigne Missgestalt erörtern;
> Und darum, weil ich nicht als ein Verliebter
> Kann kürzen diese fein beredten Tage,
> Bin ich gewillt ein Bösewicht zu werden.

Unmittelbar darauf wendet er sich der ferneren Durchführung seiner finsteren Pläne zu, dem Verderben seines älteren Bruders Clarence:

> Anschläge mach' ich, schlimme Einleitungen,
> Durch trunk'ne Weissagungen, Schriften, Träume,
> Um meinen Bruder Clarence und den König
> In Todfeindschaft einander zu verhetzen;
> Und ist nur König Eduard treu und ächt,
> Wie ich verschmitzt, falsch und verrätherisch,
> So muss heut Clarence eng verhaftet werden,
> Für eine Weissagung, die sagt, dass G
> Den Erben Eduard's nach dem Leben steh'.

Im letzten Monolog Richard's in Heinrich VI. hiess es schon:

> Clarence, gieb Acht, du stehst im Lichte mir,
> Doch einen schwarzen Tag such' ich dir aus;
> Denn solche Weissagung flüstr' ich umher,
> Dass Eduard für sein Leben fürchten soll.

Diese letzteren Zeilen aus Heinrich VI. dürften in der That den oben citirten aus dem Monolog in Richard III. weit vorzuziehen sein, indem sie die kommenden Ereignisse nur andeuten, nicht in so detaillirter, mit dem Wesen des Monologs unvereinbarer Weise ausplaudern. Wenn man einmal, wie die meisten Bühnen thun, Stellen aus jenem letzten Monologe in Heinrich VI. (hauptsächlich um das „Ich bin ich selbst allein" anzubringen) in diesen ersten Monolog in Richard III. herüber nehmen, auch zugleich kürzen will, so dürfte es sich noch am ersten empfehlen, die citirten neun Verse aus Richard III. durch die letzt citirten vier Verse aus Heinrich VI. zu ersetzen. Diese neun Verse bilden ohnedies den schwächsten Theil des berühmten Monologs; Shakespeare hätte jedenfalls eine bessere Motivirung für die Aufstachelung Eduard's ersinnen sollen, die er auch bei Holinshed in dem heftigen und ehrgeizigen Gebahren des unruhigen Clarence leicht finden konnte. Holinshed erwähnt zwar auch jener Prophezeiung als eines im Volk umlaufenden Gerüchts; Richard als den Urheber desselben hinzustellen ist aber ein um so grösserer Fehler im Drama, als es nahe lag, das gefährliche G, wodurch Eduard's Stamm enterbt werden sollte, auf den Titel Richard's, Gloster, statt auf den Vornamen des Clarence, George, zu beziehen.¹) Hier liegt also gleich ein Einzelfall vor, wo Rümelin's allgemein gehaltener Tadel der unzureichenden oder mangelhaften Motivirung zutrifft.

Unmittelbar an den Monolog schliesst sich nun die weitere Entwickelung von Clarence's Schicksal, welcher wir in Zusammenhang bis zu dessen Tode (A. I, Sc. 4) folgen wollen. Was zunächst Shakespeare's Verhalten zu seiner Quelle betrifft, so begehen Horace Walpole, wie Courtenay²) den in viele spätere Beurtheilungen übergegangenen Fehler, zu behaupten, der Antheil Richard's an Clarence's

---

¹) Holinshed sagt sogar ausdrücklich (S. 703), dass man im Volke, nach Eduard's Tod und Richard's Usurpation, jene Prophezeiung auf Gloster bezogen habe.

²) *Th. P. Courtenay, Commentaries on the historical plays of Shakespeare. II. 71, This is one of the cases in which Shakespeare has gone beyond his authorities, in order to blacken Richard. Not a word is said by Holinshed or More of Richard's participation of the murder.* — Ich bin übrigens weit entfernt im Allgemeinen Courtenay's grosses Verdienst zu bestreiten, zuerst die Historien Shakespeare's einer genauen Vergleichung mit ihren Quellen unterzogen und das Verhältniss der Letzteren zur geschichtlichen Wahrheit erörtert zu haben.

Ermordung sei eine freie Erfindung Shakespeare's, um diesen zu schwärzen. Sie haben eben den Text der Chronik nicht genau genug durchforscht. Wo Holinshed (p. 703) zum erstenmal in der Geschichte Eduard's IV. über den Tod des Clarence und die ihn begleitenden Umstände referirt und wo Shakespeare auch jene Prophezeiung bezüglich des G, die später (A. II, Sc. 1) geschilderte Reue Eduard's über Clarence's Verurtheilung sowie auch die Sage mit dem Malvasierfasse (offenbar die populäre Version von Clarence's Tod) erwähnt fand, da allerdings steht kein Wort von einer Mitschuld oder Anstiftung Richard's. Allein Walpole und Courtenay haben übersehen, dass Holinshed in dem, für Shakespeare's Charakteristik und Geschichtsbehandlung maassgebenden, More'schen Abschnitt der Chronik (p. 712) abermals auf Clarence's Tod zurückkommt und hier, als die Meinung bedeutender Persönlichkeiten, den Verdacht ausspricht, dass Richard den Tod des Clarence herbeigeführt habe, um sich den Weg zur Krone zu bahnen.¹) Shakespeare war also nicht bloss nach seiner Quelle, sondern, wie sich bestimmt behaupten lässt, auch durch den damaligen allgemeinen Volksglauben berechtigt, Richard für den Anstifter dieses Justizmordes zu halten, fand überdies auch bei Holinshed die Andeutung über die von demselben beobachtete Taktik einer äusserlichen Partheinahme für Clarence, während er heimlich gegen ihn wirkte. Indirect beweist schon der Titel der ersten Quartausgabe: *The Tragedy of King Richard the third. Containing his treacherous Plots*

---

¹) Geschichtlich ist Richard von jeder Theilnahme an dem Mord des Clarence freizusprechen, dessen ihn nur die tudoristischen Schriftsteller beschuldigen. Der *Croyland Continuator* erwähnt auch nichts hiervon. Es steht heute für alle Geschichtsforscher fest, dass Clarence nur auf Andringen seines Bruders, des Königs Eduard IV., von dem Parlament des Hochverraths angeklagt und bald darauf im Tower heimlich hingerichtet wurde. Früher hatte zwischen Clarence und Richard allerdings ein Streit bestanden, wegen Theilung des Erbes ihrer Frauen, der Töchter Warwick's; er war jedoch durch parlamentarischen Schiedsspruch geschlichtet worden. Holinshed erwähnt dieses Streites gar nicht und bei Shakespeare erscheint ihr brüderliches Verhältniss stets als ein ungetrübtes. — Offenbar fürchtete Eduard den unruhigen, ehrgeizigen Clarence; unter den Anklagepunkten wird besonders hervorgehoben, dass er noch eine Abschrift des Parlamentsbeschlusses aufbewahre, wonach ihm, während der Zeit seines Abfalls von Eduard, die eventuelle Thronfolge der Lancasters zugesichert worden war. Eduard liess diesen Parlamentsbeschluss noch ganz besonders widerrufen. Der geschichtliche Clarence war jedenfalls ein höchst unruhiger, ehrgeiziger Kopf.

against his brother Clarence u. s. w., dass der damalige Volksglaube Richard für den Mörder hielt; denn es ist undenkbar, dass Shakespeare, oder die Herausgeber, an so hervorragender Stelle einer geschichtlichen Thatsache erwähnt hätten, wenn diese nicht allgemein gekannt und geglaubt war. Auch in einem älteren vorshakespeare'schen Stück: *The true Tragedy of Richard the third* wird von Clarence gesagt:

> *Who (Clarence) was attainted in King Edward's raigne*
> *Falsly of Treason to his royaltie,*
> *Imprisoned in the Tower was most unnaturally,*
> *By his own brother, shame to parents stocke,*
> *By Glosters Duke drowned in a butt of wine.*

Nach dem Monolog also tritt der verhaftete Clarence auf, begleitet von dem menschlich fühlenden, aber jede eigene Meinung oder Regung hinter des jeweiligen Machthabers Befehl zurückdrängenden Brakenbury, dem Fanatiker des blinden Gehorsams, der den Clarence, wie die Söhne Eduard's[1]) ruhig morden lässt, wenn nur der Befehl formell in Ordnung ist. Richard beginnt nun hier vor dem Hörer jenes Talent zu entfalten, welches die Tragödie zu einem Hohenliede der Verstellungskunst und Heuchelei stempelt, wie nie ein zweites geschrieben ward. Mit welcher Meisterschaft trifft er den biederen Ton des besorgten Bruders, wie weiss er sich als gleich bedroht durch die Parthei der Königin darzustellen („Wir sind nicht sicher Clarence, sind nicht sicher"), wie natürlich, unter Hinweisung auf den gleichen Vorgang mit Hastings, den Verdacht der Anstiftung auf jene Parthei hinzulenken![2]) Wie rührend klingt beim Abschied seine Versicherung der Theilnahme, seine Zusicherung der Hülfe und hinterher wie gellend der Hohn mit dem er ihm nachruft:

> Geh' nur des Weg's, den du nie wiederkehrst,
> Einfält'ger Clarence! So sehr lieb' ich dich,
> Ich sende bald dem Himmel deine Seele
> Wenn er die Gab' aus uns'rer Hand will nehmen.

---

[1]) Nach More (Holinshed p. 734) empfing Brakenbury zuerst von Richard directen Befehl die Prinzen zu ermorden, was er jedoch verweigerte; auf späteren schriftlichen Befehl Richard's (p. 735) lieferte er jedoch den Schlüssel an Tyrrel aus.

[2]) More (Holinshed p. 712) erwähnt ausdrücklich, dass dieser Verdacht bestanden habe.

Nach der kurzen Unterredung mit dem, der Haft entlassenen, treuesten Anhänger der Yorks, Hastings, den er zur Rache gegen die Parthei der Königin anstachelt, schliesst die Scene mit einem ferneren Monolog (Shakespeare versorgt die Rolle des Richard hiermit allzu freigebig, wie bereits bemerkt), der die Absicht, das Werk mit Clarence zu vollenden und zugleich den ferneren Vorsatz, um Anna, des ermordeten Eduard Wittwe zu werben, ausspricht. Dem Ende des unglücklichen Clarence ist am Schlusse des Aktes (A. I, Sc. 4) eine der ergreifendsten Scenen gewidmet, die je aus Shakespeare's Feder geflossen. Der volle Eindruck, den dieselbe zu machen fähig wäre, wird allerdings durch den Umstand beeinträchtigt, dass in Heinrich VI. der Charakterentwickelung und den Thaten des Clarence zu wenig Aufmerksamkeit geschenkt ist. Sein Abfall von Eduard und der Sache seines Hauses (3. Theil, A. IV, Sc. 1) aus höchst selbstsüchtigen Motiven, Neid gegen die mit reichen Erbinnen vermählten Verwandten der Königin, ist zwar etwas ausführlicher geschildert, seine Wiedervereinigung mit dem Bruder (A. V, Sc. 1) dagegen gar nicht motivirt und läuft Clarence überhaupt bei Shakespeare unter der grossen Zahl der grundsatzlosen, egoistischen Partheigänger, die der Bürgerkrieg erzog, nur so mit unter. Es kommt uns daher etwas fremdartig vor, wenn plötzlich der bis dahin verhältnissmässig unbedeutende Clarence in der wunderbar ergreifenden Erzählung seines Traums, in den Betheuerungen seiner tiefen Reue und brüderlichen Liebe, sowie in dem darauf folgenden Gespräch mit den von Richard entsandten Mördern, plötzlich unsere Theilnahme, unser Mitgefühl im allerhöchsten Grade in Anspruch nimmt, wenn wir die furchtbarsten Gewissensqualen ausgemalt finden über Verbrechen und Sünden, die uns in dem Meer von Verbrechen und Sünden, welches die vorhergehenden Dramen umfassen, gar nicht besonders aufgefallen waren. Ein Medusenhaupt ist in der That auf den Körper eines Kindes gesetzt. Der Leser oder Hörer muss in sich das mangelhaft gezeichnete Bild des Clarence zu ergänzen suchen; er fasse ihn als den Typus jener, unter Mord und Verrath im Giftpfuhl des Bürgerkrieges gross gewordenen Partheigänger auf und die Traum- und Mörderscenen werden ihm nicht mehr so als fremdartige Einschiebsel erscheinen, sondern sich mit dem ganzen Bau der gewaltigen Tragödie organischer verbinden und ihre grandiose Einwirkung nicht verfehlen.[1])

---

[1]) Diese Traum-Erzählung, wenn sie so vollendet wie von Fichtner am

Ueber die ästhetische Berechtigung, dem unheimlichen Gespräch des hartgesottenen ersten und des vorübergehend noch an menschlichen Regungen leidenden zweiten Mörders einen komischen Anstrich zu geben, lässt sich streiten, obgleich diese Episode selbst nach Lessing's strenger Regel hier zulässig erscheint.¹) Soll der Bühnenerfolg den Ausschlag geben, so spricht er jedenfalls für Beibehaltung der komischen Episode, welche leider oft, z. B. in der Berliner Bearbeitung, bis zur vollständigen Verwischung der beiden, so interessant contrastirenden Mördercharaktere zusammen gestrichen wird und in solchem Falle lieber, wie auf der englischen Bühne geschieht, ganz weggelassen werden sollte. Jedenfalls hat Shakespeare richtig gefühlt, dass in der düsteren Atmosphäre dieses Trauerspiels nur dem wirklichen Galgenhumor ein Platz eingeräumt werden könne; die quantitative Einschränkung der komischen Episoden zeichnet diese Tragödie vor späteren Werken aus.

Nicht ohne Bedeutung für Richard's Charakteristik sind schliesslich in dem Gespräch des Clarence mit den Mördern dessen Ausdrücke über seinen Bruder eingefügt. Er will nicht glauben, dass Richard sie gesandt:

> O nein, verleumd' ihn nicht, denn er ist mild.

und wieder:

> Es kann nicht sein, er weinte um mein Unglück,
> Schloss in die Arme mich und schwor mit Schluchzen
> Mir eifrig meine Freiheit auszuwirken.

Man halte im Auge, wie consequent Richard's Verstellungskunst von jeher gewesen, um sich die Erfolge zu erklären, welche er dadurch später bei anderen erzielt, die ihn nicht einmal so genau kennen konnten, als der eigene Bruder. Auch der andere Bruder, König Eduard, hat im Drama keine Ahnung von Richard's Intriguen.

So ist das erste Opfer von Richard's Heuchelei gefallen.

Wiener Hofburgtheater gesprochen wird, macht einen furchtbar erschütternden Eindruck; dass sie in den englischen Bühnenbearbeitungen weggelassen wird, zeigt grossen Mangel an ästhetischem Gefühl. So klein die Rolle des Clarence ist, einen so tüchtigen Repräsentanten verlangt sie, wenn die Traumscene zur vollen Wirkung gelangen soll.

¹) Rümelin (S. 44) wird mit der Tendenz der komischen Episoden rasch fertig; sie sind „Shakespeare dem Dichter von Shakespeare dem Theateractionär dictirt worden"!

Wir kommen nun zu jener berühmten, von Steevens „*ridiculous and improbable*", von Rümelin (S. 106) „unsinnig und mährchenhaft" genannten Werbescene um Anna, die Tochter Warwick's und Wittwe des gemordeten Lancaster-Prinzen Eduard.[1]) Sie bildet den Stein des Anstosses für fast alle Kritiker des vorigen (nur der einzige Horace Walpole bezeichnete bereits 1767 diese Scene als bewunderungswürdig) und für viele des jetzigen Jahrhunderts. Der erste unbefangene Eindruck beim Lesen dieser Scene kann allerdings nur ein abstossender, fast widerwärtiger sein; insbesondere muss sie diesen Eindruck auf Frauen machen, gegen deren Bewunderung für Shakespeare man sich überhaupt etwas misstrauisch verhalten soll. Aber weder bei Shakespeare noch bei irgend einem dramatischen Dichter alter oder neuer Zeit dürfte ein zweites Beispiel aufzutreiben sein, wie diametral verschieden die Eindrücke einer vollendeten theatralischen Vorstellung von dem ersten Eindruck beim Lesen eines Drama's sein können, als gerade bei dieser Scene.

Obwohl ein geschichtliches Factum aus Richard's Leben behandelnd, trägt die Werbescene um Anna doch mehr einen episodischen Charakter, insofern man nämlich den Fortschritt der Handlung in's Auge fasst; auch ist alles, bis auf die nackte Thatsache der Verbindung Richard's und Anna's, deren er bei Holinshed nachträglich erwähnt fand, freie Erfindung Shakespeare's. Dass der Dichter die Scene in dem gedachten Sinne, also episodisch, aufgefasst hat, bezeugt auch die vollkommene Abwesenheit jeder objectiven Motivirung dieses Schrittes.[2]) Richard will (A. I, Sc. 1) Anna heirathen:

---

[1]) Nach dem *Croyland Continuator* wäre Anna mit dem bei seinem Tode erst 18 Jahre zählenden Prinzen Eduard nur verlobt *(betrothed)*, noch nicht vermählt gewesen; diese Ansicht theilt auch Pauli.

[2]) Die Heirathen beider Brüder waren unzweifelhaft nur durch Rücksichten auf die ungeheuren Reichthümer der Nevils, verdoppelt durch die Heirath von Warwick's Vater mit der Erbin der Familie Beauchamp, dictirt worden; die unnatürlichen Schwiegersöhne liessen es auch geschehen, dass die Wittwe Warwick's noch bei Lebzeiten durch Parlamentsbeschluss aller ihr persönlich gehörigen Güter beraubt wurde; dem *Croyland Continuator* zufolge wäre diese allerdings auf Anstiften des Königs Eduard selbst erfolgt. Derselbe Chronist erzählt die Anekdote (mehr ist es wohl nicht), dass Clarence Anna, als Milchmädchen verkleidet, in London versteckt gehalten habe, um sie vor Richard zu verbergen. — Was den Zeitpunkt der Verbindung Richard's mit Anna betrifft, so hat Shakespeare denselben nach dramatischen Motiven bestimmt; ge-

aus Liebe nicht sowohl,
Als and'rer tief versteckter Zwecke halb.

Diese versteckten Zwecke treten aber nirgendwo in dem ferneren Verlauf des Dramas hervor. Auch motivirt Shakespeare die Inconsequenz nicht, denjenigen das Gebiet der Liebe betreten zu lassen, welcher sich in seinen Monologen als davon ausgeschlossen erklärt, auf diese Ausschliessung gerade die Berechtigung seines ehrgeizigen Strebens casuistisch aufgebaut hatte. Anna wird also nicht ihrer selbst wegen, nicht als nothwendiger Baustein für den Fortgang der Handlung, sondern nur als menschliches Requisit für die Charakterzeichnung Richard's auf die Bühne gebracht; vorher war von ihr keine Rede und nachher tritt sie nur leidend und büssend auf. Es handelte sich für Shakespeare offenbar darum, eine Situation zu ersinnen, in welcher die denkbar höchste Leistung, das eigentliche Meisterstück der Heuchelei und Verstellungskunst zur Entfaltung gelangen könnte. Dass man hierin nicht weiter gehen kann, als eine Wittwe zu freien, deren Gatten und Schwiegervater man soeben ermordet hat, darüber herrscht wohl Stimmeneinhelligkeit. Ob aber Shakespeare nicht vielmehr zu weit über alle ästhetischen und ethischen Grenzen hinausgegangen, das ist die Frage. Als ich das Stück zuerst las, bejahte ich sie; als ich es zuerst aufführen sah, wurde die Meinung erschüttert. Und bei ru-

---

schichtlich fand diese Verbindung erst zwei Jahre nach der Beerdigung Heinrich's VI. in Chertsey statt, sowie des Clarence Verhaftung, die im Drama der Werbung Richard's vorangeht, vier Jahr später fällt.

Von einer unglücklichen Ehe Richard's mit Anna weiss die Geschichte nichts; es ist dies, wie die ganze Werbegeschichte, freie Erfindung Shakespeare's, der im Holinshed hierüber durchaus nichts fand. Dagegen wird dort der bestimmte Verdacht ausgesprochen, dass Richard Anna vergiftet habe, um seine Pläne auf die Hand von Elisabeth's Tochter ausführen zu können (Holinshed p. 751). Der *Croyland Continuator* und die anderen Schriftsteller jener Periode, obgleich Letztere sämmtlich die tudoristische Wuth gegen Richard theilen, erwähnen nichts hiervon. Anna starb aller Wahrscheinlichkeit nach an einer schleichenden Krankheit im März 1485, ihr einziger 11jähriger Sohn, dessen Holinshed (p. 715. 723 u. 747) nur beiläufig, Shakespeare gar nicht erwähnt, im April 1484. Wenn übrigens Rümelin (S. 105) Shakespeare tadelt, dass er Richard's Tödtung seiner Neffen nicht durch das Project, seinen Sohn an die junge Elisabeth zu verheirathen, motivirt habe, so ist doch zu bemerken, dass unser Dichter unmöglich von einem geschichtlichen Motiv Gebrauch machen konnte, das ihm völlig fremd war; denn dass Richard jene Absicht wirklich gehegt hat, ist nur eine Vermuthung späterer Historiker.

higer Betrachtung fand ich immer mehr, dass der letztere Eindruck im Allgemeinen der richtigere sei, dass der Eindruck der scenischen Darstellung den Verstand nicht überrumpelt hatte, sondern ihm nur in der richtigen Auffassung zu Hülfe gekommen war. Um diese Scene in heutiger Zeit richtig würdigen zu können, dazu reicht allerdings nicht aus, dass man lediglich ein offenes, gesundes Auffassungsvermögen, eine allgemeine ästhetische Bildung mitbringe; es wird unumgänglich nothwendig, den Schauplatz der Scene, die begleitenden und einwirkenden Umstände, die Voraussetzungen zu studiren, unter denen das anscheinend unerhörte Ereigniss vor sich ging. Für Shakespeare's Publikum lag das Verständniss, wie wir sehen werden, viel näher.

Die nächste Berechtigung Shakespeare's an diesen Stoff heranzutreten, gab ihm die Geschichte selbst. Sehen auch heute manche Historiker in der Thatsache dieser Verbindung Richard's und Anna's nur einen weiteren Entlastungsbeweis für Ersteren bezüglich seiner, historisch ohnedies unnachweisbaren, Theilnahme an der Ermordung ihres Gatten und Schwiegervaters, so musste die Heirath doch dem Dichter und seiner Zeit, die an diese Verbrechen glaubten, genau in dem Lichte erscheinen, wie Shakespeare sie uns in dem Drama darstellt. Die Verlegung des Schauplatzes der Werbung an den Sarg des eben gemordeten Schwiegervaters ist allerdings die Zugabe einer bizarren Jugendphantasie des Dichters. Ich gebe Kreyssig Recht, wenn er in dieser Beziehung sagt, dass es keine Autorität gebe, die uns, selbst einem Shakspeare gegenüber, verpflichten könnte, unser Gefühl für Wahrheit und Natur zu verläugnen. Mit Victor Hugo möchte ich hier ausrufen: „Bewundert oder tadelt, aber thut es nicht noch einmal." Dennoch würde man Shakespeare sehr Unrecht thun, wollte man glauben, dass er die Scene nur deshalb an den Sarg Heinrich's verlegt habe, um erst die Schwierigkeiten in's Unendliche zu steigern und sie dann um so ruhmvoller zu besiegen, was auf ein hohles Aufbauen und Niederreissen von Phrasen, auf ein Windmühlenflügelgefecht, hinausgelaufen wäre; hier liegen, wie sich ergeben wird, tiefere psychologische Motive versteckt.

Nur an Zeit und Ort der Werbung konnten also Shakespeare's Hörer Anstoss nehmen, an der Dramatisirung des Vorgangs nicht, da sie hierin nur historische Thatsachen sahen, ein charakteristisches Situationsbild aus jener Zeit des grauenhaftesten Bürgerkrieges, der alle Bande, die Staat und Gesellschaft zusammenhalten, aufgelöst, Verrath, Mord, Hinrichtungen unter Brüdern, Blutverwandten zu gewöhnlichen, alltäglichen Vorgängen gestempelt hatte, so dass unter allen Chronisten nicht ein Einziger Worte des Erstaunens oder Abscheus findet, wenn er die Thatsache der Verbindung Anna's mit dem Ausrotter der Lancaster-Dynastie, dem Mörder ihres Gatten und Schwiegervaters, referirt. So war die Atmosphäre, in welcher die Werbung Richard's vor sich geht, in der sie Anna annimmt; der politische Mord wog eben damals nicht schwer, indem die Gewohnheit gegen solche Eindrücke abgestumpft hatte. Sich dies gegenwärtig zu halten, war aber für Shakespeare's Hörer keine schwierige Aufgabe, indem sie jene, so kurz hinter ihnen liegende Zeit und jenes Ereigniss schon von vorn herein in einer solchen Färbung auffassten, während wir uns erst mit Mühe hinein denken müssen.

Ist es also gegenwärtig für eine richtige Würdigung nothwendig, sich auf den historischen Boden, in den Geist jener Zeit zurückzuversetzen, jene Scene gleichsam als ein Situationsbild zu betrachten, so bedarf es noch einer weitergehenden und schwierigen Anforderung an die Phantasie der Leser und Hörer. Wir müssen nämlich vollständig davon abstrahiren, wie wir selbst Richard kennen, wir müssen vielmehr in's Auge fassen, wie er bis dahin in den Augen der Welt, speciell in Anna's Augen dastand. Shakespeare hat uns diese geistige Vorarbeit nicht leicht gemacht, insbesondere durch die zu weit gehende Offenheit und Ausführlichkeit der Richard'schen Selbstgespräche; wir müssen sie gleichwohl nachholen, indem hier der hauptsächlichste Schlüssel für das richtige Verständniss der in Anna vorgehenden Umstimmung zu suchen ist. Wir haben uns also gegenwärtig zu halten, dass Richard keiner einzigen Person des Dramas in der Weise bekannt ist, wie etwa Molière's Tartuffe schon bei Aufgang des Vorhanges bereits als Heuchler dasteht, über den höchstens noch zwei geistesbeschränkte Personen des Stücks andrer Meinung sind. Richard's Verstellungskunst, seine geheimen ehrgeizigen Absichten auf den Thron, ahnte Niemand, ausser etwa der Instinct seiner alten Mutter (A. II, Sc. 2); Beweis dafür sind die bereits citirten Worte des Clarence (A. I, Sc. 1), sowie die noch in weit späterer Periode mit tiefer Absicht Hastings in den Mund gelegten Aeusserungen (A. III, Sc. 4). In der Chronik (Holinshed p. 739) betheuert Buckingham ausdrücklich, dass er keine Ahnung von Richard's Verstellungskunst gehabt habe.

Man vergegenwärtige sich also vor allem, wie Anna keine Ahnung davon hat, dass sie es mit einem raffinirten Heuchler zu thun habe; er ist in ihren, wie in der Welt Augen der zwar grausame, aber unerschrockene, tapfere, rauh-offenherzige, der Verstellung unfähige Vorkämpfer des Hauses York, mit dem ihre Familie, bis zum Abfall ihres Vaters, von jeher auf's engste verbunden, dessen ältester Prinz Clarence, Richard's Bruder, der ebenfalls am Mord ihres Gatten theilgenommen, der Gemahl ihrer Schwester war.

Man wird zugestehen, dass unter diesen geschichtlichen und psychologischen Voraussetzungen, die den Zeitgenossen Shakespeare's nicht so fern lagen als uns, die Werbung und ihr Erfolg in einem etwas milderen Lichte erscheinen. Indem nun unser Dichter den Zeitpunkt von Richard's Werbung, mit der Geschichte im Widerspruch, so nahe hinter die Ermordung des Prinzen Eduard und des Königs Heinrich und in des Letztern Leichenbegängniss hinein, also an den Sarg seines Opfers verlegt, mag er für das berechtigte Sittlichkeits- und Schönheitsgefühl zu weit gegangen sein; aber jedenfalls handelte er, von dem einmal gewählten Standpunkt aus, mit tiefster Berechnung. War es nicht offenbar die Absicht des feinen Menschenkenners, die Gefühle der Prinzessin durch diese Situation auf's höchste menschliche Maass hinaufzutreiben, weil eben, und namentlich bei Frauen, die Stimmungen, in ihrem Extrem angelangt, weit leichter in die entgegengesetzte Richtung umschlagen, als aus mittleren Lagen heraus? Ich glaube, Dingelstedt, in dem Anhang zu seiner bereits erwähnten neuen Bühnenbearbeitung Richard's, (Bd. III, S. 132) sagt ganz mit Recht: „Gerade das Unwahrscheinliche dieser Werbung macht ihren Erfolg wahrscheinlich. Hätte Richard die Prinzessin Anna in ihrem Gemache aufgesucht und dort in gewöhnlichem Brautwerberstyl um sie angehalten, so würde er ohne Zweifel verdientermassen abgewiesen worden sein. Dass er wie ein Raubthier sie auf offener Strasse anfällt, frappirt sie, wie ihre durch Schmerz und Trauer aufgeregte Stimmung an sich schon grosse und heftige Eindrücke begünstigt."

Betrachten wir nun die Waffen, mit denen Richard in den Kampf geht, dessen Voraussetzungen wir kennen gelernt haben, so erscheinen sie mit feinster Kenntniss des weiblichen Wesens und der weiblichen Schwäche gewählt und in richtiger Aufeinanderfolge angewandt. Die erste auf Anna berechnete Einwirkung ist die Entfaltung rauher, männlicher Kraft und Entschlossenheit. Die an den ersten Edelmann gerichteten Schlussworte:

Schamloser Hund! steh' du, wenn ich's befehle;
Senk' die Hellbarde nicht mir vor die Brust,

> Sonst, bei St. Paul, streck' ich zu Boden dich,
> Und trete, Bettler, dich für deine Keckheit.

mit dem höchsten Aufwand von Kraft und Wuth herausgestossen, so dass die Träger zitternd gehorchen, verfehlen ihre Einwirkung auf Anna nicht.¹) Denn kein Weib, wie immer ihr Charakter geartet sei, kann sich dem überwältigenden Eindruck voller, männlicher Kraftentfaltung entziehen, die hier um so drastischer auf die Prinzessin wirkt, als Richard sofort, ihr gegenüber, in den entgegengesetzten Ton der höchsten Milde, ja Demuth umschlägt:²)

> Sei christlich, süsse Heilige! fluche nicht!

In dem nun folgenden ersten Theil des Dialogs beobachtet Richard die Taktik, Anna's heftig erregtes Gefühl austoben, quantitativ sich erschöpfen zu lassen. Sich auf kurze Entgegnungen beschränkend, vermeidet er sie durch zu viel Widerspruch, oder durch zu stark aufgetragene Bewunderung zu reizen; er sucht sich sogar zu entschuldigen, wenigstens seinen Antheil an dem Tod ihres Gatten zu mildern, während er die Ermordung des „heiligen" Heinrich mehr mit ironischer Gleichgültigkeit behandelt. So wie er aber fühlt, dass Anna's Kraft erschöpft ist, übernimmt er die Führung des Dialogs, dessen zweiten Theil die Worte einleiten:

> Um aus dem raschen Anlauf uns'res Witzes
> In einen mehr gesetzten Ton zu fallen.

Und nun beginnt der Hauptangriff mit der Erklärung, dass lediglich ihr Reiz, der Wunsch sie zu besitzen, ihn zum zweifachen Morde die Hand geführt.³) Immer dringender, glühender wird seine Beredtsamkeit und gipfelt, wie er sie hinlänglich vorbereitet glaubt, in der meisterhaft ausgeführten Expectoration:

> Ich wollt' es selbst, so stürb' ich auf einmal u. s. w.

---

¹) Auf der Bühne ist diese Stelle der gewaltigsten Wirkung fähig und zwar einer um so grösseren, je plötzlicher und unvermittelter diese höchste Stufe zorniger Aufwallung hervorbricht.

²) Gervinus in seinem „Shakespeare" Bd. II, S. 126 sagt hier sehr richtig: „Man muss sich erinnern, dass die ungewohnte Milde von Unholden dreimal wirksamer ist, als die Sanftmuth der Schwachen."

³) Nicht ganz logisch ist es allerdings von Shakespeare, hier Heinrich's und Eduard's Mord zusammen zu werfen; denn es ist nicht einzusehen, weshalb König Heinrich's Tod so unumgänglich nöthig war, als der Eduard's, um Richard den Weg zu Anna's Besitz zu bahnen.

die den Wendepunkt der Scene bildet. Aber was Anna bezwang, ist nicht bloss die Wirkung der Worte an sich und der, mit dem Scheine höchster Aufrichtigkeit, ausgesprochenen Bewunderung ihrer Schönheit, wogegen noch kein Weib in der Welt unempfindlich blieb, sondern in der ganzen Situation liegt der, Herz und Verstand der Prinzessin verwirrende Zauber. Eben noch die leidtragende Wittwe des letzten Sprossen eines ausgerotteten Königsgeschlechts, eine endlose Perspective des Jammers und der Niedrigkeit vor Augen, ohnmächtig, einflusslos. Und plötzlich, ohne Uebergang, ohne Vorbereitung, zu ihren Füssen den als Todfeind geglaubten, mächtigen, gefürchteten Prinzen des siegenden Hauses, ihn, der nie vor einem Weib gekniet, knieend, der nie geweint, weinend, der befehlen konnte, bittend, an dessen Aufrichtigkeit zu zweifeln, Nebenabsichten zu unterstellen, kein denkbarer Grund war, dessen Verstellungskunst Niemand, am wenigsten Anna, ahnte, die kräftigste Männlichkeit im Bunde mit der vollendetsten Heuchelei.

In solcher Schnelle ward mein Weiberherz
Gröblich bestrickt von seinen Honigworten.

So klagt sie später selbst (A. IV, Sc. 1). Und hatte diese Lage nicht etwas, die weibliche Schwäche Ueberwältigendes; ja musste nicht gerade die entsetzliche Frivolität in der Wahl von Zeit und Ort der Werbung die einmal unwillkührlich in die Richtung des Glaubens an Richard's Aufrichtigkeit hineingedrängten Gefühle Anna's nur noch mehr in dieser Richtung befestigen und den ersten Eindruck plötzlich in sein Gegentheil verkehren? Liegt es nicht gerade im Charakter der Frauen sich durch das ganz Ungewöhnliche im Guten oder Bösen fesseln zu lassen? Anna vergisst, wie Gutzkow[1] sagt, über der Grossartigkeit von Richard's Bosheit diese selbst; das geniale Ungeheuer fesselt sie.

So aussergewöhnlicher Art sind die Mittel, die Shakespeare zusammenhäuft, um den ausserordentlichen, scheinbar aus dem Rahmen der Humanität und Aesthetik heraustretenden Vorgang als möglich erscheinen zu lassen. Und wer das Stück je vollendet darstellen sah, muss, wenn auch mit innerem Widerstreben, zugestehen, dass ihm der Vorgang unter den gegebenen Voraussetzungen psychologisch möglich erschienen ist.[2]

---

[1] Gutzkow's Richard Savage, A. I, S. 1.
[2] War es doch die Rolle Richard's III., welche dem Schauspieler Burbadge jene bekannte Einladung zu einem Stelldichein eintrug, bei der ihm

Nach Rümelin (S. 106) hätte Anna bloss antworten müssen: „Hier sei weder der Ort noch die Zeit mit ihm zu sprechen." Ich glaube, die Anna, die in solcher Situation dieser hausbackenen Antwort fähig gewesen wäre, hätte sich nachträglich noch viel leichter besiegen lassen, als Shakespeare's Anna. Die Prinzessin hat das ihr freiwillig dargereichte Schwert weggeworfen; ihre Niederlage ist entschieden. Den letzten dritten Theil des Dialogs widmet Richard nun, mit wo möglich noch raffinirterer Dialektik, der Befestigung seines Sieges. Er vermeidet dabei jede directe Werbung; er provocirt keine Geständnisse, weil er weiss, dass hierfür Anna doch noch nicht reif ist; er sucht sie nur von seiner Liebe, seiner Reue noch mehr zu überzeugen und tritt schliesslich bloss mit der bescheidenen Bitte hervor, ihm die fernere Bestattung der Leiche zu überlassen und, nachdem er „reuevoll König Heinrich's Grab genetzt mit Thränen", zu gestatten, „in aller schuld'gen Ehr' sie zu besuchen". Man sieht Anna's Fall voraus, aber er vollzieht sich nicht auf der Bühne; dies Maass hat Shakespeare weislich inne gehalten und die Darstellerin der Rolle hat sich zu hüten hierüber hinaus zu gehen. Auch muss ihr Abgang von der Scene deutlich darthun, wie dieser ungeheure Widerstreit der Gefühle Sinne und Verstand gleichsam gefangen genommen halten;[1]) selbst ein momentaner Rückfall in die früheren Gefühle des Schreckens und Abscheus, sobald sie der fascinirenden Gewalt seines Blicks, seiner Rede entrückt ist, darf beim Abgang mimisch angedeutet werden.

Nur in Einer Stelle dieses Dialogs scheint Anna die Grenzen des blossen Vorspiels ihrer Niederlage zu überschreiten; es betrifft dies die Annahme des ihr von Gloster dargebotenen Rings, womit (für unsere heutige Auffassung allerdings mehr als für die damalige Zeit) die wirkliche Verlobung schon symbolisch vollzogen wird. Es heisst bei Schlegel, auf den allgemein gangbaren Text gegründet:

Gloster.

Tragt diesen Ring von mir.

Anna.

Annehmen ist nicht geben. (Sie steckt den Ring an.)

Shakespeare zuvorgekommen sein soll; es befanden sich also Gesinnungsgenossinnen der Anna auch unter den Zuschauern.

[1]) Meisterhaft giebt Frl. Janauschek die Rolle der Anna; von ihr und Herrn Lehfeld sah ich überhaupt diese Scene am vollendetsten dargestellt. Auch Frl. Bognar vom Hofburgtheater fasst die Rolle vortrefflich auf.

Gloster.

Sieh', wie der Ring umfasset deinen Finger,
So schliesst dein Busen ein mein armes Herz u. s. w.

Es ist kaum zu leugnen, dass diese Stelle das Gefühl verletzt, so wie sie auch nicht zu der Färbung des übrigen Dialogs passt. Nun möchte ich aber darauf aufmerksam machen, dass die Antwort der Anna: „Annehmen ist nicht geben" (*to take is not to give*), sich nur in den alten Quartausgaben findet; sie fehlt in sämmtlichen Folios, die doch gerade bei diesem Stücke fast allgemein als die beste Textgrundlage anerkannt werden.[1]) Der Druckfehler, dass in der Folio vor der Anrede Richard's „*Vouchsafe to weare this ring*" die Namenbezeichnung fehlt, so dass diese Zeile also ganz sinnlos noch der vorhergegangenen Antwort der Anna (*All men I hope liue so*) zufällt, hat doch mit der Weglassung jener Zeile der Quartos „*to take is not to give*" gar keinen Zusammenhang. Mit dem gebührenden Respect vor unseren gelehrten Shakespeare-Philologen, die unstreitig nach allen Regeln und Analogien einer rationellen Textkritik verfahren sind, indem sie jene Antwort der Anna aus den Quartos aufnahmen, möchte ich doch die Frage aufwerfen, ob die Auslassung jenes Namens Richard, oder vielmehr dessen Verschieben vor die folgende Zeile, nicht einfach auf Rechnung des Setzers der Folio gehört, ob aber die Streichung der Antwort Anna's nicht von Shakespeare selbst vorgenommen sein kann? Sagt doch Delius in der Vorrede zu Richard III. ganz ausdrücklich, dass die Folio von 1623 bei diesem Stück die Quartos (speciell die von 1602) nur partiell benutzt habe, ihr im Uebrigen aber ein Bühnenmanuscript Shakespeare's zu Grunde gelegen haben müsse, und **dass die wesentlichsten Aenderungen der Folio gegen die Quartos nur von Shakespeare's Hand herrühren könnten.** Warum soll nicht Shakespeare in reiferen Jahren das Ungebührliche jener Stelle gefühlt haben, wie wir? Warum sollen wir ohne zwingenden Grund einen ästhetischen Schnitzer in unsere Textrevisionen hineintragen, den der allgemein anerkannte Grundtext nicht enthält?

---

[1]) In der Folio von 1623 heisst es wörtlich:
Richard. *But shall I liue in hope.*
Anna. *All men I hope liue so.*
Vouchsafe to weare this ring.
Richard. *Look how my Ring incompasseth thy finger etc.*

Denn man beachte wohl, dass Gloster's Anrede: „Tragt diesen Ring von mir" keine Frage ist, auf die eine Antwort nöthig wäre. Ein unscheinbarer Umstand bestärkt mich noch in der Meinung, dass die Streichung der Antwort Anna's absichtlich von Shakespeare vorgenommen worden ist. Indem die Folio von 1623 nämlich die Zeile der Quartos „*to take is not to gire*" streicht, verändert sie zugleich in dem folgenden Vers: „*Look how this ring*" das *this ring* der Quarto in *my ring*. Blieb *this* stehen, so hätte sich nämlich, da in der Folio die vorhergehende Zeile lautete: „*rouchsafe to weare this ring*, das *this ring* in zwei aufeinanderfolgenden Zeilen wiederholt, was euphonisch störend gewesen wäre, während dies in den Quartos, wegen des dazwischen stehenden Verses, durchaus nicht auffallen konnte. Denkbar ist allerdings auch, dass die Aenderung *m y ring* als Gegensatz zu dem nachfolgenden *thy finger* vorgenommen worden ist.

Weit unberechtigter aber noch als die Aufnahme der Antwort Anna's: „Annehmen ist nicht geben" finde ich die Bühnenweisung: „*She puts on the ring*", obgleich sie von fast allen unseren Textrevisoren, selbst den bedeutendsten derselben, wie Dyce und Delius, aufgenommen worden ist. Diese Bühnenweisung ist weder in den Quartos noch in den Folios enthalten und erst 1765 von Johnson, dem jedes tiefere Verständniss Shakespeare's fehlte, als Conjectur beigefügt worden. In der *Cambridge Edition* ist sie weggelassen.

Selbst wenn nur diese Bühnenweisung beseitigt wird, wieviel mehr noch durch Weglassung der wirklich banalen Antwort Anna's, muss die Darstellung unendlich gewinnen. Statt dass Anna den Ring ausdrücklich annimmt und sich selbst ansteckt, haben wir uns Richard zu denken, wie er ihr denselben, vielleicht während sie sich leicht abwendet, sogar widerstrebt, an den Finger schiebt¹) und nun das Gespräch, um jede zustimmende oder ablehnende Aeusserung abzuschneiden, auf einen anderen Gegenstand (seine Bitte ihr nach Crosby Place folgen zu dürfen) überführt. Man wird gestehen, dass hiermit, indem Anna nur leidend, nicht handelnd mitwirkt, die Ringscene ihr specifisch Widerwärtiges verliert und dürften obige Argumente jedenfalls für ausreichend zu erachten sein, in der Bühnenbearbeitung einfach der Folio zu folgen und die Scene,

---

¹) In Capell's Ausgabe von 1768 ist das Anstecken des Ringes durch eine beigefügte Bühnenweisung (*putting it on*) ebenfalls an Richard übertragen; Capell's Conjecturen beanspruchen aber jedenfalls eine weit grössere Bedeutung, als die von Johnson.

vorstehenden Andeutungen gemäss, darzustellen. Die englischen Bühnenbearbeitungen Richard's III. lassen die Ringscene gänzlich weg, während sie umgekehrt auf allen deutschen Bühnen, die ich kenne, auch nach der unbedingt vorzüglichsten Bearbeitung, der neuen Dingelstedt'schen, wörtlich nach Schlegel und mit getreuer Befolgung der Johnson'schen Bühnenweisung dargestellt wird.

Ich möchte diese Besprechung der Werbescene mit einigen Bemerkungen über den Charakter der Anna schliessen. Es haben nämlich, bis auf die neuesten Zeiten, viele, ja fast alle Aesthetiker geglaubt, den Sieg Richard's dadurch erklären zu müssen, dass sie Anna's sittlichen Werth herabdrücken, sie gleichsam als leichte Prise darstellen. Der allgemeinen Anschauung ihrer Zeit folgend und die psychologischen Mittel Richard's, so wie die Hülfsmittel der Situation unterschätzend, kann es nicht auffallen, wenn die Aesthetiker des vorigen Jahrhunderts in dieser Richtung gerade am weitesten gehen. In der That giebt der älteste derselben, der meines Wissens über diese Tragödie geschrieben, nämlich Richardson, ein Charakterbild der Anna, wonach es gewiss keines so eingefleischten, höchstens eines sehr mittelmässigen Teufels bedurft hätte, sie zu besiegen. Richardson findet gleichsam den einzig möglichen Schlüssel zur Rechtfertigung der Scene in Anna's erbärmlichem Charakter.[1]) Heftigkeit, Frivolität, Eitelkeit, Flüchtigkeit sollen den Grundzug ihres Wesens ausmachen; Richard hat also nur über diese niedrigen Stufen wegzuschreiten, um zu siegen. Wenn auch nicht so weit gehend, so variiren doch die meisten späteren Aesthetiker dieses Thema in ähnlichem Sinne. Für Gervinus erregt sie „in ihrer hinfälligen Weiblichkeit weniger Verachtung als Mitleid"; auch für Dingelstedt ist Anna eine „junge, unerfahrene, vielleicht unbedeutende Dame".

Ich möchte dagegen nicht glauben, dass es irgendwie Shakespeare's Intention gewesen, Richard's Sieg durch Herabdrückung Anna's erleichtert zu sehen. Und wie Richardson, aus Richard's Auftreten gegen Anna, deren Charakter bis in solches Detail hinein im Reflex erkennen zu können glaubt, wozu doch wohl ein über-

---

[1]) *Richardson, Essays on Shakespeare's Dramatic Characters.* London 1784, p. 18. *Anne is represented by the poet of a mind altogether frivolous, incapable of deep affection, guided by no steady principles of virtue, produced or strengthened by reason and reflection; the prey of vanity, which is her ruling passion, susceptible of every feeling and emotion; sincere in their expression, while they last, but hardly capable of distinguishing of one more than another and so exposed alike to the influence of good and of bad impressions.*

natürlicher Scharfblick gehören würde, so ist es, meiner Ansicht nach, natürlicher und logischer, aus dem späteren Auftreten Anna's ihr Charakterbild zu ergänzen. In diesen späteren Scenen (insbesondere A. IV, Sc. 1) ist sie die „gute Tante Anna", die selbst von der durch sie verdrängten Königin Elisabeth beklagte, von ihrer ganzen Umgebung geliebte, ihre einstige Schwäche mit blutigen Thränen beweinende Dulderin, für welche die Nachricht ihrer bevorstehenden Krönung keine Freude, sondern nur eine neue Marter ist:

O wollte Gott, es wär' der Zirkelreif
Von Gold, der meine Stirn umschliessen soll,
Rothglüh'nder Stahl und sengte mein Gehirn.

Es ist kein psychologischer Widerspruch, sich die Anna, die Tochter des „Königsmachers" Warwick, ursprünglich heftig oder stolz zu denken; solche Eigenschaften im Weibe können durch die eiserne Hand des Schicksals zu der Demuth ihres späteren Auftretens herabgedrückt worden sein; das Unglück mag sie von diesen und anderen Schlacken geläutert haben. Aber den wirklichen Grundzug der Charaktere dreht das Schicksal nicht um, aus wirklich niedrigen Menschen macht das Unglück keine edlen. Aus Richardson's Charakteristik der Anna konnte sich das ergreifende Schlussbild, welches Shakespeare von ihr giebt, psychologisch nicht entwickeln, und ich bin gerade umgekehrt der Ansicht, dass Anna's späteres Auftreten, neben dem versöhnenden Eindruck ihrer Reue, der in diesem Schauergemälde doppelt wohl thut, gerade deshalb vom Dichter angeordnet worden ist, um alle niedrigen Deutungen ihres primitiven Charakters auszuschliessen. Welches höhere Interesse kann jene Werbescene beanspruchen, wenn man sich Anna als schlecht, ja wenn man sie sich nur als geistig unbedeutend vorstellt? Ich glaube, Shakespeare will sie, intellectuell wie moralisch, als eine Tochter von Eva's Stamm, mit den normalen Schwächen, insbesondere der normalen Eitelkeit ihres Geschlechts, behaftet angesehen wissen; nichts mehr, nichts weniger. *Frailty, thy name is woman.* Wenn Anna hier nicht zugleich eine Gattungsrepräsentantin wäre, wo läge der tiefere Reiz dieser Scene?

Gloster selbst, in dem höhnischen Monolog, der die Scene schliesst:

Ward je in dieser Laun' ein Weib gefreit?
Ward je in dieser Laun' ein Weib gewonnen?

jubelt über den Erfolg seines Probestücks der Heuchelei, die ihm sogar das Gebiet der Liebe, von dem er sich in seinen finstern Selbstgesprächen selbst ausgeschlossen erklärte, aufgeschlossen hat. Dieser Monolog ist überhaupt einer der meisterhaftesten, die Richard in den Mund gelegt werden; es ist der Teufel selbst, welcher sein Opfer höhnt, das zweite Opfer der höllischen Verstellungskunst, das wir geistig und später körperlich morden sehen. Anna wird nämlich später, wie Holinshed andeutet und wie zu Shakespeare's Zeiten die Tradition ging, von Richard vergiftet, um der Werbung um die Hand der jungen Elisabeth, die zur weiteren Entwickelung des Stückes gehört, Platz zu machen. Sie wird beseitigt ohne viel Worte (A. III, Sc. 4), wie ein überflüssig gewordenes Möbel.

Und Anna sagte gute Nacht der Welt.

Nie hat sich ein Dichter eine kühnere, vermessenere Aufgabe gestellt als diese Werbescene; nie ist aber auch eine grosse Aufgabe grösser gelöst worden. Wir werden übrigens später noch sehen, welche Streiflichter die Werbung um Elisabeth's Tochter auf diese Scene zurückwirft und welche Beziehungen beide zu einander haben.

Die Darstellung der Anna erfordert grosse Mittel und tiefes Studium; ich kenne kaum eine Rolle, wo die blosse schauspielerische Intuition weniger ausreichen würde, als hier.

Verfolgen wir Richard weiter in seinen Beziehungen zu den übrigen, theils mit-, theils gegenspielenden Personen des Stücks, so haben wir es nun mit der um die Königin Elisabeth gruppirten Parthei zu thun, deren volle geschichtliche Bedeutung allerdings dem Publikum Shakespeare's gegenwärtiger war als uns. Im 3. Theil von Heinrich VI. (A. IV, Sc. 1) bei Gelegenheit des Abfalls von Clarence, sowie in den Gesprächen Richard's mit diesem und Hastings, wird zwar vielfach des schrankenlosen Nepotismus Eduard's zu Gunsten der Familie seiner Frau gedacht; für den heutigen Leser ist dies jedoch noch nicht prägnant, nicht ausführlich genug, um die ominöse Wichtigkeit jener Parthei in der Geschichte, wie in dem Drama vollständig zu würdigen. Ob und welchen Antheil die Königin persönlich hierbei gehabt, berührt Shakespeare nicht direct, denn Richard's desfallsige Angriffe auf sie (A. I, Sc. 3) können nicht als des Dichters Meinung gelten.

More (Holinshed p. 713) erwähnt zwar speciell der Feindschaft Elisabeth's gegen Hastings, den Eduard besonders begünstigte und der seine Ausschweifungen theilte; hiervon hat Shakespeare den Stoff zu den desfallsigen Angriffen Richard's auf Elisabeth entnommen, während er durchaus keinen Anhalt bietet, ob dieselben begründet seien, ob also nach des Dichters Meinung Elisabeth wirklich von Hastings' Verhaftung die Schuld trage. Meiner Ansicht nach soll Elisabeth, nach Shakespeare's Intention, als schuldlos und unbetheiligt an allen politischen Intriguen dastehen. Jedenfalls scheint schon aus dem Umstand, dass Eduard Elisabeth's Verwandten consequent begünstigte, auch als ein grosser Theil ihres Einflusses längst an Mistress Shore und die anderen Buhlerinnen des liederlichen Königs übergegangen war, soviel hervorzugehen, dass Eduard in der Schöpfung dieser neuen Aristokratie nicht blos dem Nepotismus huldigte, sondern auch ein politisches Princip verfolgte. Er hasste den alten in den Bürgerkriegen entarteten Feudaladel (sein Schlachtruf war: „Schlagt die Herren und schont die Knechte"), weil er instinctartig die Unmöglichkeit fühlte, mit ihnen ruhig und gesichert regieren zu können. Anstatt aber zu den staatsklugen Mitteln des ersten Tudors Heinrich VII. zu greifen und so des Adels Einfluss dauernd zu brechen, griff Eduard zu dem unglücklichen Mittel, sich eine neue, ganz von ihm ausgehende Aristokratie, als Gegengewicht gegen die alte, zu schaffen. Er ging nun zugleich in der Begünstigung der bis dahin ziemlich obscuren und obendrein noch den Lancastern ergeben gewesenen Familie seiner Frau über alles je in der Geschichte des Nepotismus erlebte Maass hinaus,[1])

[1]) Der Vater der Königin Elisabeth ward zum Grafen Rivers und Lord Constable von England ernannt. Er ward jedoch bereits 1469, nach der Schlacht bei Edgecote, durch Warwick und Clarence hingerichtet, zugleich mit seinem Sohne Johann, dem jüngeren Bruder Elisabeth's, welchem Eduard, obgleich er erst 20 Jahr alt war, die reiche 80jährige Herzogin von York zur Ehe gegeben hatte. Des Vaters Titel ging demnächst auf den ältesten Bruder Elisabeth's, Anton, über, welcher im Drama als Graf Rivers vorkommt. Eduard hatte denselben mit der reichen Erbin des Lord Scales vermählt. Elisabeth's Sohn erster Ehe, Thomas Grey, ward zum Marquis Dorset ernannt und mit einer Nichte des Königs, der Erbin des Herzogs von Exeter, vermählt, derselben, welche Graf Warwick für seinen Neffen begehrt hatte; für Warwick's Abfall war dieser Umstand von grossem Gewichte. Nach damaligem Recht verfügte nämlich der König über die Hand der Lehnserbinnen. Die fünf Schwestern der Königin wurden endlich mit dem Herzog von Buckingham, einem Prinzen von Geblüt, sowie mit den Erben der Grafen von Essex, Arundel und Kent und des Lord Herbert vermählt. Dass eine so maasslose Begünstigung, die noch dazu eine bisher lancastrische Familie traf, den energischen Unwillen von Clarence, Warwick und allen Yorkisten erregen musste, erscheint hiernach begreiflich.

der üble Eindruck hiervon ward durch den Uebermuth der neugebackenen Würdenträger noch verschärft. (Vergl. die Gespräche der Bürger, A. II, Sc. 3.) Kurz der Hass gegen diese Parthei ward unter den Yorkisten so allgemein, dass es Eduard's grösste Sorge noch auf dem Todtenbette war, den alten Adel mit den Verwandten der Königin auszusöhnen. Man darf sagen, dass geschichtlich jener unselige Missgriff Eduard's die Brücke zu Richard's Usurpation, zur Vernichtung seiner eigenen Dynastie geworden ist. Dies halte man im Auge, um sich Richard's Verhalten gegen diese Parthei und die ganze folgende Geschichtsentwicklung zu erklären.

Die wichtigsten Häupter dieser Parthei der Königin, wodurch die Yorkisten gespalten wurden, waren die in dem Drama auftretenden Graf Rivers, Bruder der Königin (ein schöner, geistreicher Mann, Erzieher des Thronfolgers Eduard's), ferner der Marquis von Dorset und Lord Grey, der Königin Söhne aus erster Ehe mit dem Ritter Sir John Grey; ausserdem Sir Thomas Vaughan und Andere. Vom alten Adel standen denselben, unter der Führung Richard's, hauptsächlich entgegen der Herzog von Buckingham, Sprössling des jüngsten Zweiges der Plantagenets (obgleich selbst Schwager der Königin Elisabeth, dessen aber Shakespeare nicht erwähnt); ferner Hastings, der treueste Anhänger der Yorks, speciell Eduard's; dann Graf Oxford. Stanley hielt vorläufig auch zu diesen, lauerte jedoch, vom Tode Eduard's ab, auf Gelegenheit zur Geltendmachung der Ansprüche seines Stiefsohnes, des Grafen Richmond.

Jener Parthei der Königin gegenüber weiss nun Richard im Drama meisterhaft seine Stellung zu nehmen.[1]) Davon ausgehend, wie allgemein verhasst dieselbe war, wie populär ihn die Gegnerschaft derselben macht, ist hier verstellte Freundschaft gar nicht am Orte. Rückhaltslos, scheinbar unvorsichtig sogar (z. B. im Gespräch mit Clarence und Brakenbury, A. I, Sc. 1), trägt er seine Abneigung offen zur Schau; er, der vollendete Heuchler, weiss am besten, dass scheinbare Offenherzigkeit der wirksamste Diener der Heuchelei ist. Dabei unterlässt er aber nie sich als den Angegriffenen zu geriren; er stellt sich als zur Defensive gezwungen. Wie weiss er die verkannte edle Seele zu spielen, als er (A. I, Sc. 3) gegen die Königin und ihre Verwandten lospoltert und sich als den Verletzten, Zurückgesetzten darstellt:

---

[1]) More erwähnt ganz speciell (Holinshed p. 712), dass Richard auf die Fortdauer der Spaltung zwischen den Partheien des Königs und der Königin für die Förderung seiner ehrgeizigen Pläne speculirt habe.

Weil ich nicht schmeicheln und beschwatzen kann,
Zulachen, streicheln, hintergeh'n und kriechen,
Fuchsschwänzend wie ein Franzmann und ein Aff',
So hält man mich für einen häm'schen Feind.
Kann denn ein schlichter Mann nicht harmlos leben,
Dass nicht sein redlich Herz misshandelt würde
Von seid'nen, schlauen, schmeichlerischen Gecken?

Der Auftritt ist mit grosser Feinheit und Menschenkenntniss durchgeführt und gipfelt schliesslich in dem Verhalten gegenüber der hinzugetretenen Margarethe,[1]) der Kassandra des Hauses Lancaster, der Sybille jener blutigen Zeit, die ihre furchtbaren Verwünschungen über Richard wie über die Königin und ihren Anhang ausgiesst, eine hochpoetische, frei erfundene Inspiration Shakespeare's. Margarethen's prophetische Flüche zittern durch das ganze Drama hindurch und die Erinnerung daran lebt in jedem Opfer wieder auf, wenn sich ihm das Verhängniss naht. Nachdem die gegenseitigen, beiderseits vollkommen begründeten Anschuldigungen Margarethen's und Richard's nochmals das ganze grauenvolle Gemälde des Bürgerkrieges und die Verbrechen beider Partheien vor unseren Augen entrollt haben und alle Uebrigen schaudernd und betroffen dastehen, spielt Richard, der seine Ruhe keinen Augenblick verloren, ja ihre Flüche zuletzt scherzend aufgefangen und zurückgeworfen hat[2]) der Einzige von allen, den christlich Reuigen:

Ich schelte nicht sie, bei der Mutter Gottes!
Sie hat zu viel gelitten, und mich reut ·
Mein Theil daran, was ich ihr angethan.

Am Schlusse der Scene folgt dann wieder in einem Monolog, in cynischer Darlegung der eben befolgten Grundsätze, eine der Pracht-Sentenzen seines Heuchler-Katechismus, die wir in kleinerem Maasstab im gewöhnlichen Leben so häufig angewandt sehen:

[1]) Geschichtlich ward sie nach der Schlacht bei Tewksbury (Mai 1471) bis zum Jahr 1475 im Tower gefangen gehalten, dann von ihrem Vater ausgelöst und nach Frankreich geschafft, wo sie 1482, also schon ein Jahr vor Eduard's Tod, starb.

[2]) Dass Gervinus ein abergläubisches Grauen Richard's hierin erblickt, lässt sich wohl nicht begründen, da Richard in diesem Stadium der Handlung noch keinen abergläubischen Regungen zugänglich scheint, auch Margarethe durchaus nicht sittlich höher stand als er. So theile ich auch Kreyssig's Ansicht von Richard's abergläubischer Aengstlichkeit bei den Verwünschungen der Anna nicht.

Ich thu' das Bös' und schreie selbst zuerst.

Die Scene setzt sich, nach der inzwischen erfolgten Ermordung des Clarence, mit dem der Chronik entnommenen Versuch des kranken Königs Eduard fort (A. II, Sc. 1), Friede zwischen beiden Partheien zu stiften,¹) aus deren Streit er das Unheil für seine Dynastie hereinbrechen sieht. Eduard glaubt das Werk der Versöhnung gelungen, die Häupter beider Fractionen haben sich umarmt;²) da tritt Richard hinzu. Er setzt im Tone christlicher Versöhnung ein, bietet den Verwandten der Königin, dieser selbst, aufrichtigste Freundschaft, Vergessen alles Grolls. Die Königin, hoch erfreut, benutzt den Augenblick, um beim König um Gnade für Clarence zu bitten. Mit teuflischem Raffinement stellt Richard dies als frivolen Spott, als Bruch des eben geschlossenen Bündnisses hin:

Wer weiss nicht, dass der edle Herzog todt ist?
Zur Ungebühr verhöhnt ihr seine Leiche.

Er will glauben machen, die Königin habe um Clarence's Tod gewusst, ihn verursacht, und spiele jetzt ein scheinheiliges Spiel.

Gabt ihr Acht,
Wie bleich der Kön'gin schuldige Verwandte
Aussahn, da sie von Clarence's Tode hörten?
Gott wird es rächen!

So spricht er zu Buckingham und Hastings, nachdem der König sich in den furchtbarsten Gewissensqualen³) entfernt hat. Die Versöh-

---

¹) Holinshed giebt zweimal die Rede Eduard's auf seinem Todtenbette wörtlich wieder; es charakterisirt die Naivetät der damaligen Geschichtsschreibung, dass beide Versionen durchaus nicht mit einander übereinstimmen.
²) Diese Umarmungsscene darf auf der Bühne keineswegs blos conventionell gehalten werden, sondern muss in feiner Mimik das Gezwungene der Annäherung, die innerliche Fortdauer des beiderseitigen Misstrauens ausdrücken. More (Holinshed p. 714) erwähnt ausdrücklich dieser Verstellung beider Theile. Richard's Hinzutreten ist freie Erfindung Shakespeare's, da er zu dieser Zeit noch, vom Feldzug gegen Schottland her, im Norden weilte; auch Rivers und Grey waren in Ludlow bei dem jungen Prinzen, sowie sich Buckingham ebenfalls zu jener Zeit in Wales aufhielt. Geschichtlich handelte es sich für Eduard hauptsächlich darum, die bittersten Feinde, Marquis Dorset und Lord Hastings, zu versöhnen; Shakespeare hat daraus die dramatisch so höchst wirkungsvolle grosse Versöhnungsscene gemacht.
³) Der späteren tiefen Reue Eduard's über Clarence's Hinrichtung gedenkt

nung hat er so in's Gegentheil umgewandelt, dem Hass gegen die
Parthei der Königin nur noch mehr Nahrung gegeben und alles
dabei so geschickt eingeleitet, dass das ganze Odium des Verbrechens
wie des Bruchs der eben vollzogenen Versöhnung auf jene fallen
muss. Der unmittelbare Erfolg dieser Intrigue tritt in der engen
Verbindung mit Buckingham zum Sturz der Parthei der Königin
zu Tage.

Eduard stirbt (A. II, Sc. 2). Richard, nun Protector,[1]) schenkt
der Wittwe, die mit der alten Herzogin York und den Kindern des
gemordeten Clarence gleichsam einen Wettgesang der tiefsten Schmer-
zensklagen anstimmte, einige magere Worte des Trostes und führt
dann die kleine treffliche Heuchler-Scene mit der eigenen Mutter
auf, die er um ihren Segen bittet und in den bei Seite gesprochenen
Worten verhöhnt; es sollten dem Bild des vollendeten Heuchlers
gar keine Striche fehlen. Für die Verfolgung seiner weiteren Anschläge hält er sich dann im Hintergrund; der inzwischen mit ihm
eng verbundene Buckingham muss die Initiative zu dem Vorschlag
ergreifen, den jungen König von Ludlow mit nur kleinem Gefolge
zur Krönung abzuholen. Die Verwandten der Königin nehmen, obwohl zögernd, den Vorschlag an, um nicht den Vorwurf, die von
Eduard gestiftete Vereinbarung zuerst gebrochen zu haben, auf
sich zu laden. Damit ist ihr Schicksal entschieden. Von Gloster
und Buckingham auf ihrem Zuge nach London überfallen, werden
Rivers, Grey und Vaughan gefangen und bald darauf in Pomfret
enthauptet (A. III, Sc. 3). Der Hass, den Richard mit Hülfe seiner
Heuchelei gegen sie geschürt, die nähere Verbindung mit Buckingham und dem alten Adel, die er auf diesen Hass gebaut, gestatteten
ihm jetzt die Maske, dieser Parthei gegenüber, abzuwerfen und sie
mit einem kühnen Schlage zu vernichten, ohne sich jedoch hinsichtlich seiner weitergehenden Pläne auf den Thron noch irgendwie zu
demaskiren.

So ist wieder ein wichtiges Hinderniss auf dem Wege zum

Holinshed (p. 703) ausdrücklich; dass er jedoch den Befehl bereits widerrufen gehabt und der Bote der Gnade zu spät gekommen, ist Shakespeare's
freie Erfindung. Aus einer kurzen Bemerkung bei Holinshed schuf unser
Dichter auch die Episode mit Stanley (A. II, Sc. 1), der um Gnade für einen
Diener bittet.

[1]) Nach More ward die Protectorschaft Richard's erst nach seiner An-
kunft in London im Rath förmlich beschlossen (Holinshed p. 716). Daraus
erklären sich Elisabeth's Worte (A. I, Sc. 3:) *It is determin'd, not concluded yet.*

Thron weggehauen; die Königin flieht mit dem jüngsten Prinzen in die Freistatt Westminster; der junge König ist in Richard's Gewalt. Die Personen (mit Ausnahme Margarethen's) und die überhaupt benutzten geschichtlichen Thatsachen in den hier besprochenen Scenen fand Shakespeare bei Holinshed, die Motivirungen sind meist sein eigen; so insbesondere die heuchlerische Benutzung von Clarence's Tod zur Anschwärzung der Königin und Vernichtung der angebahnten Versöhnung, indem thatsächlich Clarence's Hinrichtung fünf Jahre vor Eduard's Tod fällt, auch Richard zur Zeit jenes Versöhnungsversuchs in Schottland abwesend war.

Der Heuchelei gegen die dem Verderben geweihten Feinde tritt nun Richard's Haltung gegen die Freunde, insbesondere seine Hauptstütze Buckingham, gegenüber. Der in Letzterem immer mehr aufgestachelte Hass gegen die Parthei der Königin war die negative, Versprechungen grossen Güterzuwachses (wie wir später A. III, Sc. 1 erfahren) die positive Handhabe, wodurch Richard Buckingham allmählich vollständig gewann.[1]

Der Herzog von Buckingham war Prinz von Geblüt, direct abstammend von Thomas Woodstock, dem jüngsten Sohne Eduard's III.;[2] er war das vornehmste und, nach Ausrottung der Nevils, auch das einflussreichste Glied des hohen Adels. Die Parthei der Königin, die von Eduard neugebackene Aristokratie, war also durch Vernichtung ihrer Häupter zunächst beseitigt; nur Dorset gelang es später über das Meer zu fliehen, um sich mit Richmond zu verbinden (A. IV, Sc. 1). Die alten Anhänger der Yorks waren also wieder zu alleinigem Einfluss gelangt. Alle diese billigten Richard's Protectorschaft über den jungen unmündigen König, die ihm nur die vernichtete Parthei der Königin streitig gemacht hätte. Allein nun handelt es sich für ihn darum, aus diesen alten Anhängern der

---

[1] Nach Holinshed (p. 721) hätte ihm auch Richard versprochen, seinen einzigen Sohn an Buckingham's Tochter zu verheirathen. Shakespeare erwähnt jedoch hiervon nichts und kommt auch die Chronik nicht weiter darauf zurück; auch starb der Sohn Richard's bereits ein Jahr nach dessen Thronbesteigung.

[2] Diese gesellschaftlich weit hervorragende Stellung Buckingham's ist bei der Aufführung des Drama's, sowohl in dessen eigener Haltung, als in der seiner Umgebung stets im Auge zu behalten.

York'schen Dynastie eine Parthei zu bilden, die ihn persönlich in seinen, bis dahin von Niemand geahnten Plänen auf den Thron zu unterstützen, die Kinder Eduard's desselben zu berauben, entschlossen sei. Von der bisherigen blos negativen Wirksamkeit des Wegräumens, Ausrottens von Hindernissen (Prinz Eduard, Heinrich VI., Clarence, Rivers, Grey, Vaughan) musste Richard also jetzt zu positivem Handeln, zum Gewinnen von Anhängern im Adel und Volk, übergehen. Seine ehrgeizigen Pläne auf die Krone konnte er nicht mehr allein im eigenen Busen bergen; um Unterstützung zu finden, musste er, wenn auch mit Vorsicht und nur allmählich, einzelne Vertraute einweihen. Bei der oben geschilderten hervorragenden Stellung und dem Charakter Buckingham's war es natürlich, dass Richard's Augen sich zunächst auf diesen richten mussten.[1]) Der „Handel" selbst, dessen Buckingham (A. II, Sc. 2) ausdrücklich gedenkt, ist hinter die Scene verlegt. Später (A. III, Sc. 1) wird Catesby in's Vertrauen gezogen, da man noch eines untergeordneten, blind gehorsamen Werkzeuges zur Erforschung und Bearbeitung der übrigen einflussreichen Mitglieder des Adels und der Bürgerschaft nöthig hatte; dann auch Lord Lovel und Rateliffe. Richard behandelt dieselben übrigens einfach als Sclaven; er wirft die Perlen seines Heuchlertalents nicht vor die Säue, obgleich er dasselbe, wie später seine Aufmerksamkeit für den Lord Mayor zeigt, auch untergeordneteren Persönlichkeiten gegenüber entfaltet, sobald es nothwendig erscheint. Mit einziger Ausnahme der, nur zur Charakterzeichnung dienenden, in die Handlung weiter nicht eingreifenden Anna-Scene (Shakespeare hat hier wenigstens die Begründung im Dunkeln gelassen, wenn auch Richard seiner „tief versteckten Zwecke" erwähnt) heuchelt nämlich Richard nur da, wo es einen materiellen Zweck hat, zur Erreichung seines Endziels nöthig ist.

Die Gewinnung Buckingham's war der wichtigste positive Schritt für Förderung von Richard's Plänen auf die Krone; deshalb widmete er ihm auch, abgesehen von dem Versprechen der Grafschaft Hereford und anderer Vortheile (A. III, Sc. 1) die schmeichelhafteste, stets auf seine Eitelkeit berechnete Aufmerksamkeit, welche denselben denn auch so bestrickt, dass er seine jämmerliche Helfershelfer-Rolle mit wahrer Liebhaberei abspielt.

---

[1]) Moro sagt (Holinshed p. 721), dass Richard durch die Gewinnung Buckingham's *thought his strength more than halfe increased*. Uebrigens erwähnt er mehrfach (z. B. p. 736), dass sogar viele Leute der Meinung seien, die Initiative zu Richard's verbrecherischen Anschlägen auf die Krone sei von Buckingham ausgegangen.

Mein and'res Selbst! du meine Rathsversammlung,
Orakel und Prophet! Mein lieber Vetter,
Ich folge deiner Leitung wie ein Kind.

So sprach Richard schon im Beginne ihrer Verbindung (A. II, Sc. 2). Er behandelt den eitlen, ehrgeizigen, grundsatzlosen, habsüchtigen Buckingham auf eine Weise, die, mit Geschick angewandt, bei solchen Menschen ihre Wirkung nie verfehlt. Er bläst ihm seine Ideen ein und macht ihm hinterher glauben, es seien Buckingham's eigene Anschläge gewesen, er, Richard, sei nur der Befolger derselben. Deshalb, sowie zugleich aus Vorsicht, lässt er den eitlen Buckingham auch stets das Wort führen, so Rivers gegenüber (A. II, Sc. 2), wie beim Lord Cardinal und bei Catesby (A. III Sc. 1), beim Mayor von London (A. III, Sc. 5) u. s. w. Buckingham „glaubt stets zu schieben und er wird geschoben". Mit wahrem Cynismus lässt er sich (A. III, Sc. 5) von Richard, wie von einem Regisseur, seine Schauspielerrollen dem Mayor und der Bürgerschaft gegenüber einstudiren; es gewährt ihm ein sichtbares Vergnügen dieselben (A. III, Sc. 5 u. 7) abzuspielen; er ist, wie Nero, eitel auf sein Schauspielertalent und rühmt sich desselben, kurz er schwelgt förmlich in seiner eigenen Erbärmlichkeit. Ein Affe Richard's, mit feinem Geschick von Shakespeare neben ihn hingestellt, ähnlich wie Wagner neben Faust, ist er der Typus der erbärmlichen, wie Richard der genialen Heuchelei. Buckingham verhält sich zu ihm, wie sich der Strolch, der einen Handwerksburschen todtschlägt, um ihn des armseligen Zehrpfennigs zu berauben, zu einem Königsmörder verhält.

Die Art, wie Richard den, von ihm vollständig durchschauten, eitlen Buckingham behandelt so lange er ihn braucht, ist in einer Reihenfolge theils kürzerer, theils weiter ausgeführter Dialoge von Shakespeare mit unglaublicher Meisterschaft durchgeführt. Und wenn Rümelin (S. 105) unbegreiflich findet, dass er den mächtigen Günstling nachher durch plumpe Beleidigung zum Abfall reizt, so ist dies keineswegs eine Inconsequenz Shakespeare's. Denn einmal ist es die charakteristische Eigenthümlichkeit aller gemeinen Naturen diejenigen zu hassen, denen sie ihr Glück verdanken; sie brechen den ersten besten Vorwand vom Zaun, um sich mit ihren Wohlthätern zu überwerfen und sich der für sie drückenden Last moralischer Verbindlichkeit gewaltsam zu entledigen. Dann aber ist auch Richard's Handlungsweise gegen Buckingham nur die einfache Consequenz der verhängnissvollen Umwandlung in seinem Charakter, die mit dem Moment der Thronbesteigung hervortritt und den Fall des Tyrannen nicht aus äusseren geschichtlichen Zufällen, sondern aus dem Fortgang des inneren Zersetzungsprozesses hervorgehen lässt. *Quem Deus perdere vult dementat*, steht mit grossen Lettern über dem zweiten Theil dieser gewaltigen Tragödie geschrieben. Bis zum letzten Verbrechen, dem Prinzenmord (die Söhne Eduard's waren zudem, durch die Heirath mit der Schwester Elisabeth's, auch seine eignen Neffen), will Buckingham nicht ohne Weiteres mitgehen; der Narr glaubt auf dem abschüssigen Wege des Verbrechens beliebig inne halten und nun ruhig die Frucht der bisherigen Sünden geniessen zu können. Doch nicht dieser verbrecherischen Zumuthung Richard's, nur der nicht gehaltenen Versprechungen halber[1]), also wieder aus elenden Motiven verlässt er Richard, so

---

[1]) In Holinshed kommen verschiedene Versionen über den plötzlichen Abfall Buckingham's vor; More selbst spricht sich nicht bestimmt für die eine oder andere derselben aus. Die von Richard an Buckingham gestellte Zumuthung, bei Hinwegräumung der Prinzen mitzuwirken, ist jedenfalls Shakespeare's freie Erfindung; bei Holinshed verwahrt sich Buckingham umgekehrt aufs feierlichste vor jeder Mitwissenschaft und giebt in dem Gespräch mit dem Bischof Morton den Prinzenmord gerade als ein Hauptmotiv an, weshalb er Richard's Hof verlassen. Holinshed lässt Buckingham ferner sagen, Richard habe versichert, er wolle die Krone nur tragen, bis Eduard V. 24 Jahr alt sei, habe auch später ihm (Buckingham) in die Hand versprochen, dass die Prinzen am Leben bleiben und gut versorgt werden sollten. Der nicht gehaltenen Versprechungen wegen der Grafschaft Hereford und der hiermit von Altersher verbundenen Stelle des High Constable erwähnt Holinshed dagegen mehrfach (Kreyssig Bd. I, S. 411 Note 3 ist also im Irrthum, wenn er behauptet, in der Chronik fände sich auch nicht die leiseste Andeutung über diesen Ursprung der Spannung zwischen Buckingham und dem König), und zwar sowohl in dem auf More basirten Theil der Chronik (p. 736) wo ihn Buckingham bereits vor der Krönung, wie in der Grafton-Hall'schen Fortsetzung (p. 739), wo er ihn (wie bei Shakespeare) nach der Krönung vergeblich hieran erinnern lässt. Bei dieser letzteren Erwähnung ist auch richtig hervorgehoben, dass es sich überhaupt nur um einen Theil der Grafschaft Hereford handelte (Shakespeare und More sprechen immer von der Grafschaft im Ganzen). Die eine Hälfte der Grafschaft besass nämlich Buckingham bereits, indem sein Vorfahr, Thomas Woodstock, Herzog von Gloster, jüngster Sohn Eduard's III., die eine, Henry Earl of Derby (Sohn Johann von Gaunt's und nachmaliger König Heinrich IV.) dagegen die andere Erbtochter des Humphrey de Bohun, Earl of Hereford, geheirathet hatten. Nach Besiegung Heinrich's VI. nahm Eduard IV. diesen Privatbesitz der Lancaster'schen Königsfamilie ohne Weiteres an sich, während Buckingham, auf Grund mütterlicher Abstammung von Johann von Gaunt, nun auch diese zweite Hälfte der Grafschaft Hereford

dass wir in seinem Untergange (A. V, Sc. 1) die voll- und wohlverdiente Strafe, gleichsam ein Gottesgericht, erblicken, ja gerechtfertigt finden, dass, dem geschichtlichen Verlaufe treu, der elende Helfershelfer dem Beil des Henkers verfällt, während der geniale Bösewicht, freilich nach vorausgegangenen Folterqualen des Gewissens, den ehrenvollen Tod auf dem Schlachtfelde sterben darf. Die Rolle des Buckingham ist, nächst der Richard's, die bedeutendste und schwierigste Männerrolle im Stück; die meisten Bühnen zeigen durch ihre Besetzung derselben, dass sie gar keine Ahnung hiervon haben. Shakespeare zeichnet übrigens diesen Charakter so scharf, dass es keines weiteren Commentars für dessen richtige Auffassung bedarf.

Im Verhältniss zu Buckingham sehen wir also, wie sich Richard's Heuchelei den wichtigsten Gehülfen seiner Pläne dienstbar zu machen weiss. Catesby muss nun auf Aufforderung Buckingham's den arglosen, leichtgläubigen, auf die Unerschütterlichkeit seines Einflusses auf Richard kindisch pochenden Hastings, den treuesten Diener Eduard's, sondiren (A. III, Sc. 2); er findet ihn aber, wie er schon vorausgesetzt, treu zu dessen Söhnen stehend und damit ist sein Schicksal entschieden. Richard sendet ihn Rivers, Grey und Vaughan auf's Schaffot nach, über deren Fall sich Hastings eben noch so behaglich gefreut hatte. In jener, für die Berathung der Krönung des jungen Königs angesetzten, Rathsversammlung im Tower (A. III, Sc. 4) lässt Richard den Arglosen auf Grund einer absurden, vom

---

beanspruchte. — Jedenfalls sind alle hierher gehörigen Mittheilungen Holinshed's geschichtlich falsch und gereichen More's historischer Zuverlässigkeit nicht zur Ehre. Thatsächlich hat Richard III. seinem Complicen Buckingham alle jene Versprechungen im weitesten Umfang gehalten, ihm namentlich auch die andere Hälfte der Grafschaft Hereford und die High Constablestelle verliehen. Die Ursachen des Abfalls von Buckingham sind somit geschichtlich durchaus nicht aufgeklärt. Rümelin (S. 105) kann also auch Shakespeare keinen Vorwurf daraus machen, dass er nicht die „geschichtliche" Motivirung gewählt habe, da die Geschichte diesen Abfall eben gar nicht motivirt. Wahrscheinlich ist es zunächst (wie auch bei Holinshed erwähnt wird) Buckingham's Absicht gewesen, nachdem er sich aus unbekannten Gründen mit Richard überworfen, seine eigenen lancastrischen Ansprüche auf die Krone geltend zu machen, die er dann aber zu Gunsten Richmond's aufgab, dessen Ansprüche jedenfalls den seinigen vorgingen, insofern überhaupt den Nachkommen John von Gaunt's, aus seiner dritten unrechtmässigen Ehe mit Catharina Swynford, legitime Rechte beiwohnten.

Zaun gebrochenen Beschuldigung[1]) festnehmen und sofort hinrichten, und in dem Schrecken, den die unvermuthete Gewaltthat bei den übrigen Mitgliedern des Raths verbreitet, verhindert er zunächst jedes weitere Vorgehen in der Krönung des Neffen und gewinnt so Zeit für Förderung der eignen Pläne, ohne sie jedoch noch irgendwie zu verrathen. Hierzu sucht er nun mit Hülfe Buckingham's ein neues Element herein zu ziehen, nämlich die Volksstimme. Aus dem Gespräch der Bürger (A. II, Sc. 3) haben wir bereits die Besorgniss derselben vor kommenden Stürmen gesehen. „Weh' einem Lande, das ein Kind regiert," ruft der dritte Bürger, der Pessimist von den Dreien, der den Herzog Gloster gleich gefährlich für den Staat findet, als die Parthei der Königin. Es herrscht instinctartig allgemeine Furcht, wie vor einem nahenden Sturm schon die Wasser schwellen.[2]) Indem Richard also mit Buckingham die Comödien in Scene setzt, um das Volk London's und seine Vertreter, die

---

[1]) Hastings wird u. A. zum Beschützer von Mistress Shore gemacht, ein Irrthum, den Shakespeare von Holinshed und More übernahm; in Wirklichkeit war Marquis Dorset der Nachfolger Eduard's bei dieser berühmten Maitresse, deren Liebenswürdigkeit sogar den Chronisten entzückt zu haben scheint (Holinshed p. 724), der von ihr als Zeitgenosse spricht. Sie starb erst unter der Regierung Heinrich's VIII. im tiefsten Elend. — Wenn übrigens die Frau und die Maitresse Eduard's als im Bunde mit einander dargestellt werden, so bemerkt schon Holinshed hierzu, dass Jedermann gefühlt habe, wie Richard mit dieser widersinnigen Behauptung nur Vorwand zum Streit suche. Im Allgemeinen folgt Shakespeare seiner Quelle durch das ganze, den III. Act füllende Intriguenspiel zur Gewinnung der Krone mit zu weit getriebener Anlehnung an das empirische Detail, selbst bis zu den Erdbeeren im Garten des Bischofs von Ely (A. III, Sc. 4) und bis zu den Bemerkungen des Kanzelisten (A. III, Sc. 6).

[2]) *As the sea without wind swelleth of himself sometime before a tempest,* heisst's bei Holinshed (p. 721), wo einige kurze Bemerkungen über die im Volk umlaufenden beunruhigenden Gerüchte unserm Dichter Veranlassung zu diesem, für die Situation höchst charakteristischen, Gespräche der drei Bürger gaben. Dingelstedt legt mit richtigem Takt dieser Scene, die in den meisten Bühnenbearbeitungen ganz ausfällt, die noch Steevens „*a tedious dialogue*" nannte, eine solche Bedeutung bei, dass er sie nicht bloss beibehält, sondern sogar zu einem, auf das Verständniss der gegenwärtigen Zuhörerschaft berechneten, den ganzen politischen Hintergrund der Handlung zeichnenden Situationsbild erweitert.

Die dem dritten Bürger in den Mund gelegte Sentenz: „Weh' einem Lande, das ein Kind regiert," fand Shakespeare wohl nicht in der Bibel, sondern in Buckingham's Rede in Guildhall (Holinshed p. 730): *Vae regno cujus rex puer est.*

unter Eduard's IV. Regierung an politischer Bedeutung gewonnen hatten, auf seine Seite zu bringen und so die Aufforderung zur Uebernahme der Krone von aussen an sich heran kommen zu lassen, spielt er ein schwieriges Spiel, da die Voraussetzungen ungünstig für ihn stehen, mit einziger Ausnahme des Umstandes, dass es an einem energischen Gegenspieler fehlt. Die Comödie beginnt, nachdem Richard Buckingham seine Rolle einstudirt hat (A. III, Sc. 5), vor dem herbeigerufenen Lord Mayor;[1] beide spielen die durch Hastings an ihrem Leben Bedrohten, entschuldigen dessen formlose Hinrichtung durch die Nothwehr, beklagen, dass die Freunde dabei etwas zu rasch verfuhren, und so verhinderten, dass der Mayor die eigenen Geständnisse des Verräthers anhören konnte u. s. w. Dann schicken sie den schwachköpfigen Vertreter der Bürgerschaft wieder heim, um die ihm aufgepackten Lügen im Volke zu verbreiten.

Buckingham wird ihm nach Guildhall in die Volksversammlung nachgesandt, um die Hauptscene in's Werk zu setzen. Die Instructionen, die ihm Richard mitgiebt, sind teuflisch. Eduard, der verstorbene König, sei nicht rechtmässig mit Elisabeth verheirathet gewesen,[2] die Prinzen demnach als Bastarde zur Erbfolge nicht berechtigt. Aber noch mehr, auch Eduard selbst soll als illegitimer Abkömmling, die eigne Mutter also des Ehebruchs schuldig dargestellt werden. Das Material hierzu fand Shakespeare bei Holinshed.[3] Als charakteristisches Zeichen übrigens, wie Richard sich

---

[1] Alle diese und die folgenden Scenen des III. Actes gründen sich, wie schon erwähnt, auf Holinshed. Der Lord Mayor hiess Edmund Shaw; sein Bruder war der Doctor John Shaw, welcher, mit dem Augustinermönch Penker, von Shakespeare (A. III, Sc. 5) nur kurz erwähnt wird, während Holinshed (p. 725 ff.) sehr weitläufig ihre niederträchtigen Intriguen und Reden bespricht.

[2] Buckingham sagt bei Holinshed, Eduard sei mit Elisabeth Lucy rechtmässig verheirathet gewesen. Walpole und Andere haben nachgewiesen, dass diese in Shakespeare's Drama übergegangene Angabe More's falsch sei, indem es sich bei der, durch das einzige unter Richard III. zusammenberufene Parlament, wirklich ausgesprochenen Ungültigkeit der Ehe Eduard's mit Elisabeth nicht um eine frühere Ehe mit jener Lady Lucy, sondern mit Lady Eleanor Butler gehandelt habe, was More hätte wissen müssen. Geschichtlich ist als feststehend zu betrachten, dass Eduard's Ehe mit Elisabeth gültig gewesen ist und jene beiden Damen nur Maitressen Eduard's waren.

[3] Wie manche Aesthetiker, z. B. Lloyd, aus dieser raffinirten Bosheit Richard's noch einen Rest von Kindesliebe herauslesen wollen, ist mir unbegreiflich. Die heuchlerische Tendenz wird auch offen in der Chronik hervorgehoben. Richard beauftragt daselbst den Dr. Shaw und Buckingham auf

selbst vor seinem Vertrautesten nicht mehr als nöthig enthüllt, selbst diesem gegenüber noch heuchelt, sucht er die auf ihn zurückfallende Schändlichkeit dieser Anklage durch den heuchlerischen Nachsatz zu mildern:

Doch das berührt nur schonend wie von fern,
Weil meine Mutter, wie ihr wisst, noch lebt.

Auch die berüchtigten Kanzelreden des Dr. Shaw, worüber der Chronist ausführlich referirt, werden hier verabredet. Von diesen grossen Parallel-Comödien führt uns Shakespeare indess nur die Buckingham'sche im Drama vor.

Buckingham's Bericht (A. III, Sc. 7) über den Erfolg seiner Redekünste in Guildhall liefert ein unsterbliches Vorbild für alle Zeiten, wie man öffentliche Meinung macht, oder vielmehr fälscht. Wohl zu beachten ist indess, insbesondere dem Tadel Vischer's und Rümelin's gegenüber, dass Shakespeare die englische Volksmasse hier doch eine andre Rolle spielen lässt, als den römischen Plebs in den Römerdramen. Während hier jeder Windhauch, jede Demagogenrede hinreicht, die Stimmungen des „vielköpfigen Ungeheuers" aus einem Extrem in's andre umschlagen zu lassen, verharrt das englische Volk in bangem Schweigen.[1]) Buckingham, weniger geschickt im Heucheln und Lügen als Richard, erringt keinen positiven Erfolg bei den Bürgern; ebensowenig die vorgeschobene Strohpuppe des Recorders.[2]) Buckingham muss, um

den Ehebruch nur so von Weitem hinzudeuten, gleichsam als ob sie fürchteten, sein (Richard's) Missfallen durch offenes Aussprechen der vollen Wahrheit zu erregen (Holinshed p. 726 u. 730). Shakespeare's Motivirung ist noch viel feiner, indem sich Richard als vollendeter Heuchler dem Buckingham nicht so weit in seiner Schändlichkeit enthüllt, als in der Chronik. „Ausgemacht unnatürlich ist es," sagt Schlegel, „wenn sich Jemand gegen seinen Vertrauten selbst für einen Bösewicht erklärt." Diesen Fehler begeht Shakespeare nicht. — Die historische Unwahrscheinlichkeit, dass Richard gegen die eigne Mutter wirklich solche Angriffe gerichtet, bedarf dagegen keiner langen Begründung; hält man eine Frau des Ehebruchs für verdächtig, so fällt doch sicherlich, wie Walpole richtig bemerkt, die Vermuthung der Illegitimität eher auf die jüngern Kinder (also auf Richard selbst), als auf die ältern. More hat hier offenbar aus Hass gegen Richard nicht sorgfältig genug erwogen, wieweit seine Erzählung auf Wahrheit Anspruch machen könne.

[1]) So bei Holinshed auch nach der Rede des Doctor Shaw. — Guizot in seinem Werke „*Shakespeare et son temps*" p. 398 hebt dies Schweigen des Volks besonders hervor.

[2]) Nach Holinshed (p. 730) hiess der Recorder Fitz William, welcher mit schlecht verhehlter Abneigung die Rede Buckingham's wiederholte.

das Resultat der Versammlung zu fälschen, „den Vortheil der Wenigen wahrnehmen", die er selbst hineingeschickt hatte, die officiellen Hurrahschreier und Vivatrufer unsrer Tage. Richard ist offenbar wenig befriedigt von dem Resultat und nimmt nun selbst das Spiel in die Hand. Die nun folgende Scene in Baynard Castle, wo er zwischen den beiden Bischöfen[1]) als in religiöser Beschauung begriffen erscheint, und sich von Buckingham und den durch ihn in Bewegung gesetzten Hampelmännern, dem Lord Mayor und den Aldermen von London, um Uebernahme der Krone bitten lässt, die anfängliche Abweisung, die Wiederanknüpfung, die endliche Gewährung, bilden ein, alle Register menschlicher Verstellungskunst durchlaufendes Ensemble, wie kaum ein zweites geschrieben ward. Der über das ganze geworfene Schleier der religiösen und ascetischen Heuchelei entsprach ganz dem bisherigen Auftreten Richard's, der überhaupt stets die Maske der Sittlichkeit und Frömmigkeit getragen hatte,[2]) theils als Gegensatz gegen seinen leichtsinnigen Bruder

---

[1]) Das Material zu dieser Scene fand Shakespeare ebenfalls in Holinshed. Die beiden Bischöfe jedoch sind, wie Malone und Halliwell bemerken, von Grafton in More's Werk eingeschoben, und so in Hall's Chronik übergegangen, während bei Holinshed, der doch sonst die bezügliche Stelle aus Hall wörtlich abschreibt, die Worte „*with a bishop on every hand of him*" fehlen. Shakespeare muss diesen Zug also wohl aus Hall entlehnt haben, während sich sonst im ganzen Stück kein Anhalt findet, dass er eine weitere Quelle als Holinshed benutzt habe. Halliwell's Bemerkung, dass der Bischöfe auch bei Holinshed erwähnt sei, ist somit unrichtig, wie auch Malone diese falsche Behauptung bereits früher aufgestellt hatte, weil es ihm (siehe seine Dissertation über die Autorschaft der *Contention* und *True Tragedy*) nicht passt, dass Shakespeare irgendwo direct aus Hall geschöpft habe. Courtenay (VII, p. 12) weist ihm einen ähnlichen Irrthum bei Besprechung des 3. Theils von Heinrich VI. nach, hat jedoch den hier begangenen übersehen.

[2]) So z. B. in dem Monolog A. I, Sc. 3:

Und so bekleid' ich meine nackte Bosheit
Mit alten Fetzen aus der Schrift gestohlen,
Und schein' ein Heil'ger, wo ich Teufel bin.

Auch zweifelt der Erzbischof von York (A. II, Sc. 4) nicht an seiner Frömmigkeit, während der Instinkt der Mutter die religiöse Heuchelei ahnt. Geschichtlich war es König Richard's Bestreben die Geistlichkeit für sich zu gewinnen und sich durch Sittenstrenge auszuzeichnen. Zu diesem Zweck setzte er u. A. auch den vom Chronisten erwähnten öffentlichen Bussgang der Mistress Shore in Scene.

Bei dieser Gelegenheit möchte ich noch darauf aufmerksam machen, wie farblos und unbedeutend Shakespeare die drei geistlichen Würdenträger im Stück, nämlich den Cardinal Bourchier, den Erzbischof von York und den

Eduard, theils aus Rücksicht auf die puritanischen Velleitäten der
Bürgerschaft. Es ist dies der letzte grosse Trumpf, den Richard
in der Heuchelei ausspielt und damit das Spiel gewinnt.

> Weil ihr das Glück mir auf den Rücken schnallt,
> Die Last zu tragen, willig oder nicht,
> So muss ich in Geduld sie auf mich nehmen.

Sogar die Zeit der Krönung lässt er sich octroyiren, er leidet die
Krone nur, nimmt sie nicht.

Jämmerlich ist in der ganzen Scene die Haltung des Lord
Mayor's, der seine Rolle auf Buckingham's Unterweisung hin hersagt, etwa wie Lampe auf Kaulbach's Bild an der Hand von Reinecke Fuchs sein falsches Zeugniss ablegt. Dass Shakespeare es
aber hiermit absichtlich auf eine Verspottung der bürgerlichen Autoritäten, auf eine Rache für die in seiner Zeit gegen die Schauspieler
gerichteten puritanischen Angriffe abgesehen habe, wie Rümelin
glaubt, heisst der natürlichen Erklärung Zwang anthun. Shakespeare fand diesen Mayor eben in vollem Umfang seiner Erbärmlichkeit bei Holinshed, auf dessen Autorität überhaupt diese ganzen
mit Buckingham einstudirten Comödien gegründet sind und die von
der streng historischen Wahrheit nur darin abweichen mögen, dass
die fortdauernde Furcht des Volks vor der verhassten Parthei der
Königin, vielleicht auch der Glaube an die Ungültigkeit von Eduard's IV. Ehe mit Elisabeth, Richard's Absichten auf die Krone auf
halbem Wege entgegengekommen sein mögen.

Wir haben so Richard's Verstellungskunst durch alle Farben
und Situationen hindurch führen sehen, in denen sie nur zur Erscheinung kommen kann; abwechselnd wird der Ton der Brüderlichkeit,
der Liebe, der Reue, der Offenheit, der Biederkeit, der Religiösität
angeschlagen, jeder mit gleicher Virtuosität. Als eine Ausspannung
gleichsam erscheint dazwischen das heuchlerische Spiel mit seinen
unglücklichen Opfern, den Söhnen Eduard's; es macht den Eindruck, als ob man ein Raubthier mit seinen Opfern spielen sieht,

Bischof von Ely, gehalten hat, während dieselben, insbesondere der Letztere,
bei Holinshed weit bedeutendere Rollen spielen und sich für dramatische und
insbesondere für politisch-tendenziöse Verwerthung ganz besonders geeignet
haben würden. Doch wage ich nicht, hierbei eine bestimmte Absicht des
Dichters zu unterstellen; das Material der Chronik war zu reichlich, um sich
vollständig verwerthen zu lassen.

ehe es dieselben verschlingt. Mit Ausnahme verschiedener bei Holinshed erwähnter Einzelheiten beim Empfang der beiden Prinzen durch Richard, sind die hierher gehörigen Scenen frei von Shakespeare erfunden.

Die jungen Prinzen, Eduard von Wales und der kleine Herzog von York, nach der Geschichte 13 und 11 Jahr alt, sind zwei reizende Charakterbilder. Der älteste ist ernst und sinnig; nach dem Tode seiner mütterlichen Verwandten fühlt er die Schwüle der Lage, ahnt die drohende Gefahr. Der jüngste, welcher durch Hastings und den gefügigen, von Buckingham leicht überredeten, Lord Cardinal aus der Freistatt von seiner Mutter weggeholt worden ist,[1]) hat dagegen eine scharfe Zunge, ist sorglos, übermüthig, vorlaut, spöttisch.

Während Richard (A. III, Sc. 1) im Gespräch mit dem ältesten, dem jungen König, den treu ergebenen Vasallen spielt, behandelt er den jüngeren, in den spitzigen Antithesen, die beide wechseln, mehr wie ein Kind; bei dessen vorlauten, höhnenden Anspielungen auf seine körperliche Missbildung, die ihm Buckingham nochmals zu kosten giebt, bricht er ab. Es ist dies wieder einer der schon erwähnten Züge Shakespeare's, Richard durch seine Opfer vorher verhöhnen und reizen zu lassen. Die Prinzen werden in den Tower geführt, ihrem Schicksal entgegen, und geben im Drama nur noch zu der rührenden Schilderung ihres letzten Schlafes (A. IV, Sc. 3) Veranlassung, die selbst im Munde des Henkers poetisch klingt.[2])

---

[1]) Holinshed's Chronik (p. 719) enthält die desfallsigen Unterredungen mit Elisabeth in grosser Ausführlichkeit; Cibber in seiner Bühnenausgabe hat daraus eine besondere Scene gemacht.

[2]) Die Frage, ob Richard wirklich die Söhne Eduard's habe ermorden lassen, hat zu vielen Erörterungen Veranlassung gegeben; namentlich hat sich Walpole die grösste Mühe gegeben, die Unrichtigkeit von More's Erzählung nachzuweisen, die auch sicherlich in manchen Einzelheiten falsch ist. Der *Croyland Continuator* enthält keine directe Beschuldigung Richard's, wohl aber Fabyan. Die *Records of Parliament* erwähnen in dem *Act of attainder* Richard's des „*shedding of infants blood*". Die ausführlichste Untersuchung dieser Frage findet sich bei Lingard; er sowohl wie Courtenay, Pauli und so ziemlich alle neuern Schriftsteller nehmen an, dass die Unthat wirklich auf Richard's Befehl geschehen sei. Lingard glaubt auch, dass die beiden 1674 im Tower aufgefundenen, und in der Kapelle Heinrich's VII. in Westminster-Abtei beigesetzten Kinderleichen, die Söhne Eduard's gewesen seien. Die Ansicht Walpole's, dass der unter Heinrich VII. auftretende Betrüger Perkin Warbeck mit dem jungen Herzog von York identisch gewesen, dieser also gar nicht ermordet worden sei, findet heut zu Tage keine Anhänger mehr.

Die, meines Wissens von Rötscher zum erstenmal aufgestellte,
demnächst von andern Aesthetikern, z. B. auch Mezières, adoptirte
Ansicht,¹) als sei Richard's Absicht, seine Neffen zu morden, erst
durch das eben berührte Gespräch mit dem Prinzen Eduard zur
Reife gediehen, kann meiner Ansicht nach aus der ganzen Anlage
des Stücks und insbesondere aus der Charakteristik Richard's nicht
begründet werden. Hätte er seine unheimlichen, auf das nahe Ende
deutenden Seitengespräche bei Gelegenheit der höhnenden Stichelreden des vorlauten kleinen York fallen lassen, so wäre eher ein
plausibler, wenn auch noch kein durchschlagender, Grund für die
Annahme vorhanden, dass er erst hierdurch auf die Mordgedanken
gekommen sei. Allein Richard macht jene Seitenbemerkungen
(„Klug allzubald, sagt man, wird nimmer alt", und „Auf zeitigen
Frühling währt der Sommer wenig") im Gespräch mit dem ältesten,
von seinem geistreichen, feingebildeten Onkel, dem unglücklichen
Rivers, erzogenen Prinzen. Ist nach aller Logik der vorliegenden
Thatsachen und Charaktere anzunehmen, dass diese unschuldigen
Bemerkungen über die Gründung des Towers durch Caesar und die
daran geknüpfte sinnreiche Sentenz:

> Mich dünkt, die Wahrheit sollte immer leben,
> Als wär' sie aller Nachwelt ausgetheilt,
> Bis auf den letzten Tag der Welt.

in Richard erst die Idee der Ermordung beider Prinzen hervorriefen?
Die Wegräumung derselben, gleichviel ob der junge Eduard geistig bedeutend war oder nicht, war eine so natürliche Consequenz
der übrigen Schritte, um in den ungestörten Besitz der Krone zu
gelangen, die blosse Gefangenhaltung hierzu in jenen wilden Zeiten
der Partheienherrschaft so unzureichend, dass diese letzte blutige
That mit logischer Nothwendigkeit in dem ursprünglichen Plane
Richard's gelegen haben muss.²) Auch Shakespeare's Geschichts-
quelle erwähnt dieser vorausgehegten Absicht mehrmals ganz ausdrücklich. Nur aus ästhetischen Gründen lässt ihn Shakespeare

---

¹) In Casimir Delavigne's, auf Shakespeare gegründetem, Trauerspiel „Les
enfants d'Edouard" stellt Richard sogar ein förmliches Examen rigorosum mit
dem jungen Eduard an, um zu erforschen, ob er ihn am Leben lassen könne
oder nicht. Es ist dies ächt französisches Rafünement, aber nicht shake-
spearisch.

²) So Holinshed p. 712: *Certeine it is that he* [Richard] *contriued their
destruction, with the usurpation of the reyall dignitie upon himselfe.* Diese Stelle
findet sich schon ganz vorn in More's Abhandlung über Eduard V.

diese Absicht, das fürchterlichste aller Verbrechen zu begehen, nicht gleich von vorn herein in seinen Monologen mit gleichem Cynismus wie z. B. hinsichtlich Clarence's Ermordung aussprechen, sondern beschränkt sich auf jene unheimlichen Andeutungen. Für den schwachköpfigen Sohn des Clarence, mit dessen entfernteren Erbansprüchen (durch die vom Parlament ausgesprochene Hochverrathserklärung seines Vaters waren die Nachkommen aller Anrechte an die Krone verlustig) gewährte es wohl Sicherheit genug, denselben (A. III, Sc. 5) durch Gefangennehmung bei Seite zu schaffen, die Tochter durch niedrige Vermählung unschädlich zu machen.[1]) Die Kinder Eduard's aber mussten sterben.

Die Ausführung dieses furchtbaren Verbrechens des Kindermordes, für welches selbst jene entmenschte Zeit noch den vollen Abscheu bewahrt hatte (man vergleiche die Empörung der Grossen über den vermeintlichen Mord Arthur's in König Johann, die furchtbare Aufregung der Yorkisten über des jungen Rutland's Tod), war der erste Gedanke, welcher den Tyrannen beschäftigte, nachdem er den durch Mord und Einschüchterung, sowie durch Heuchelei und Bestechung gewonnenen Thron bestiegen hatte (A. IV, Sc. 2). Mit diesem Schritt aber tritt die Nemesis heran und greift in das bis dahin durch geniale Kraft und Consequenz von ihm allein beherrschte Spiel ein. Er vergreift sich in der Wahl des Werkzeugs zur Ausführung des Prinzenmordes; so weit will der erbärmliche Buckingham doch nicht folgen. Im Unmuth über dessen Weigerung zum erstenmal die gewohnte Selbstbeherrschung verlierend, reizt er ihn in der grossen Peripetie-Scene durch üble Laune zum Abfall, welcher das Signal für die rückwärts schreitende Bewegung der Handlung wird, sowie die Verbindung mit Buckingham die erste, feste Stufe zum Aufwärtssteigen gewesen war. Richard findet zwar in Tyrell und seinen Henkersknechten anderweitige Werkzeuge zur Ausführung der blutigen Arbeit; der Prinzen Leben rettet Buckingham's Abfall nicht mehr. Aber schon sehen wir, wie die allwaltende Gerechtigkeit wach geworden ist und die Hand zum Schlage erhebt.

---

[1]) Die unglücklichen Kinder des Clarence, von Richard geschont, erlagen dem Hass, mit dem die Tudors das Geschlecht der Yorks verfolgten. Der Sohn, nachdem er sein ganzes Leben in der Gefangenschaft zugebracht, ward in seinem 23. Jahre auf Befehl Heinrich's VII., und die Tochter, die letzte Plantagenet, Gräfin von Salisbury, in ihrem 70. Lebensjahre auf Befehl Heinrich's VIII., hingerichtet, zwei Justizmorde, welche alle Gräuelthaten Richard's, gegen die sich die Tudors so sensibel zeigten, voll aufwiegen.

Den Mord der Prinzen, mit den begleitenden Umständen, fand Shakespeare bei Holinshed (p. 734) nach More geschildert; alles Uebrige, insbesondere auch das Ansinnen an Buckingham, zu diesem Mord die Hand zu bieten, ist Shakespeare's freie Erfindung. Dem Detail ist übrigens manchmal zu wenig Aufmerksamkeit zugewandt, oder die Chronik zu sorglos benutzt; so z. B. bei der aus Holinshed (p. 734) geschöpften Auftragertheilung zur Beschaffung eines Mörders an den ersten besten Edelknaben (A. IV, Sc. 2). Allerdings sind diese Vorgänge stets im Lichte der damaligen Zeit zu betrachten, die von einem Morde, insbesondere auf der Bühne, nicht viel Federlesens machte.

Die Charaktere der beiden Prinzen (die bei uns in der Regel durch junge Damen dargestellt werden) sind scharf gezeichnet und leicht aufzufassen. Die bezüglichen Scenen sollten durchaus nicht gekürzt werden, da sie dem Drama, das sich so vorwiegend in Intriguen und Verbrechen bewegt, durch die Einfügung dieser kindlich reinen, schuldlosen Wesen, einen besonderen Reiz geben.

Das Verhältniss Richard's zu seiner Mutter, der verwittweten Herzogin York, bedarf noch einer kurzen Erörterung. Die betreffenden Stellen, von denen insbesondere die Verfluchungsscene (A. IV, Sc. 4) zu den ergreifendsten des Stückes zählt, sind Shakespeare's freie Erfindung, indem Holinshed über die Natur dieses Verhältnisses keine besonderen Andeutungen fallen lässt.

Wir sehen in der, bei Shakespeare achtzigjährigen, Herzogin das Bild einer von Gram tiefgebeugten Wittwe und Mutter, die in dem Geplauder ihrer unschuldigen Enkel, der Kinder des ermordeten Clarence, gleichsam Trost und Unterhaltung sucht (A. II, Sc. 2). Mit mütterlichem Instinct ahnt sie Richard's, ihres Sohnes, Antheil an der Ermordung seines Bruders Clarence, durchschaut überhaupt dessen Heuchelei und böse Absichten. Der Tod des ältesten Sohnes Eduard's zertrümmert endlich ihre letzte Stütze.

> Ich weint' um eines würd'gen Gatten Tod,
> Und lebt' im Anblick seiner Ebenbilder;
> Nun sind zwei Spiegel seiner hohen Züge
> Zertrümmert durch den bösgesinnten Tod.
> Mir bleibt zum Troste nur ein falsches Glas,
> Worin ich meine Schmach mit Kummer sehe.

So spricht sie zur laut jammernden Wittwe Eduard's.¹) Richard tritt dann zu den klagenden Frauen und führt seiner Mutter gegenüber, um den Schein des ehrerbietigen Sohnes zu wahren, die schon erwähnte Heuchelscene auf, sie kniend um ihren Segen zu bitten.²) Sie ertheilt ihn mit den ergreifenden, dem trauernden Mutterherzen entquillenden Worten:

> Gott segne dich! und flösse Milde dir,
> Gehorsam, Lieb' und ächte Treu' in's Herz.

Mit spöttischen Seitenbemerkungen entschädigt sich Richard für die Anstrengung dieser kleinen heuchlerischen Episode. Der Dichter lässt uns damit gleichzeitig einen weitern Einblick in das Herz des Bösewichts thun; selbst den leisesten Regungen der Kindesliebe ist er unzugänglich, und die Trauer des Mutterherzens erweckt nur seinen sarkastischen Spott. In der bereits besprochenen Instruction an Buckingham (A. III, Sc. 5), worin er die Ehre seiner Mutter preisgiebt, vollendet sich das Gemälde des zum Teufel entarteten Sohnes.

Die alte Herzogin hat die Häupter des Schwiegervaters und des Gatten unter dem Henkerbeil fallen, eines ihrer Kinder vom andern morden, alle Gräuel einer entarteten Zeit an ihren Jahren vorüber ziehen sehen. Ihr Schmerz ist resignirt; sie erkennt ihres Sohnes Schlechtigkeit, aber sie weiss, dass sie keinen Einfluss auf ihn übt, dass die Thatsachen ihren blutigen Weg gehen, unbekümmert um einer Mutter Warnung, einer Mutter Schmerz. Ihre Enkel, Clarence's und Eduard's Kinder, sind der einzige Trost, der ihr geblieben; mit ihnen beschäftigt sie sich bei jedem Auftreten, zu Eduard's Kindern sucht sie noch zuletzt in den Tower zu dringen (A. IV, Sc. 1). Da kommt die Nachricht, dass Richard ihnen die Krone geraubt, sich selbst diese aufgesetzt habe. Der Rest der Mutterliebe geht in diesem Verbrechen an den geheiligten Rechten der Enkel

---

¹) Holinshed (p. 726) gedenkt des hartnäckigen Widerstandes der Herzogin von York gegen Eduard's Vermählung mit Elisabeth Grey; über deren späteres Verhältniss zu einander kommt nichts mehr vor. Shakespeare erwähnt jenes Widerstands gar nicht und stellt das Verhältniss Elisabeth's sowohl zur alten Herzogin York als zu Richard's Gemahlin Anna als ein durchaus gutes und herzliches dar.

²) Horace Walpole hat seitdem in den *Historic Doubts* geschichtlich nachgewiesen, dass in Wirklichkeit Richard's Verhältniss zu seiner Mutter ein ganz gutes gewesen ist. Dieselbe starb erst 1495, also lange nach Richard's Tod.

unter. Dann folgt der letzte zerschmetternde Schlag, die Nachricht von deren Ermordung (A. IV, Sc. 4).

So manches Elend brach die Stimme mir,
Die jammernde Zung' ist still und stumm.

Aus der Apathie ihres Schmerzes wecken sie die Verwünschungen der hinzutretenden Margarethe, die Klagen Elisabeth's.

Geh mit mir und im Hauche bittrer Worte
Sei mein verdammter Sohn von uns erstickt,
Der deine beiden süssen Söhn' erstickte.

So spricht sie zur Elisabeth und rafft sich dann auf, um über den heranziehenden Richard den furchtbarsten Fluch auszusprechen, der je über Mutterlippen ging.

Ueber dessen Wirkung auf Richard werden wir direct weder durch eine Aeusserung desselben, noch durch eine Bühnenweisung belehrt; was jeder Autor eines Lesedrama's für unumgänglich nöthig gehalten haben würde, erschien unserm Dichter, der als Bühnenleiter die Darsteller persönlich über die richtige Auffassung und Darstellung jedes Charakters unterwies, hier, wie an so vielen andern Stellen, leider unnöthig. Doch ist bei unsern Aesthetikern wie den bedeutendsten Darstellern der Richard-Rolle über diesen Punkt keine solche Meinungsverschiedenheit, wie sie z. B. bezüglich der Wirkung von Margarethen's und Anna's Verwünschungen constatirt wurde. Es ist in der That weder logisch noch ästhetisch eine andere Schlussfolge statthaft, als dass, nach Shakespeare's Intention, Richard unter dem Mutterfluch, in den der Dichter überhaupt den Wendepunkt für sein Leben und seine Schicksale gelegt hat, moralisch zusammenbricht. Margarethen's Fluch fiel in die aufsteigende, der Mutterfluch in die absteigende Handlung, wo das von der Vorsehung gestattete Maass des Frevels bereits voll, das Gewissen des Verbrechers bereits wach geworden war, wo sich bereits (z. B. in der Erinnerung an Heinrich's Prophezeiungen und an den Namen Rougemont, A. IV, Sc. 2) abergläubische Regungen zeigten, denen er in der frühern Periode unzugänglich war. Margarethen's Flüche entbehrten ferner des moralischen Nachdrucks durch die Autorität der Fluchenden; ihr konnte Richard leicht jeden ihm vorgeworfenen Frevel, als in gleichem Maasse von ihr selbst begangen, zurückschieben. Der würdigen alten Mutter gegenüber griff diese landläufige Ausflucht, die in den Sünden anderer die Entschuldigung für die eignen Verbrechen sucht, nicht Platz; sie fielen mit voller, unverminderter Schwere auf den entarteten Sohn. Er sucht mit fast ängstlicher Hast durch kriegerisches Getöse, ja durch Drohungen, der Mutter Flüche zu hemmen:

> Ich hab' 'ne Spur von euer Art, Frau Mutter,
> Die nicht den Ton des Vorwurfs dulden kann.

Man fühlt es durch, wie furchtbar peinlich ihm die Scene sein muss, der er nicht entgehen kann, während er die Flüche der Margarethe (A. I, Sc. 3) nicht hemmte, sondern sie spöttisch mit geistiger Ueberlegenheit zurückschleuderte.[1]

Die volle Bedeutung erhält diese Scene noch durch die Betrachtung, wie viel höher in jenen Zeiten die elterliche Autorität stand. Wie man überhaupt in jeder sittlich entarteten Zeit beobachten kann, pflegt sich der zurückgebliebene Rest menschlichen und religiösen Gefühls mit potenzirter Gewalt in einzelne Richtungen zu drängen und sich darin mit einer Intensität zu äussern, die einen fast unerklärlichen Gegensatz gegen die allgemeine Barbarei und Entartung bildet. So standen in jenen Zeiten die Autorität der Eltern und der kindliche Gehorsam in einem merkwürdigen Gegensatz zu der Frivolität, mit der sich Geschwister und Blutsverwandte unter einander bekämpften, verriethen, mordeten. So war, wie bereits erwähnt, in einer Periode, die sonst vor keinem Verbrechen zurückscheute, der Kindermord ein Gegenstand des allerhöchsten Abscheus. So blieb in jener Zeit des Meineids und der Irreligiosität das Privilegium der Freistätten unangetastet,[2] vereinzelte Strahlen himmlischen Lichtes in der allgemeinen Nacht sittlichen Verderbens.

Ich komme nun zur Besprechung des Verhältnisses von Richard zur Königin Elisabeth, bei der ich etwas länger verweilen muss, um meine, von der traditionellen Auffassung weit abweichende Meinung zu begründen.

Elisabeth war die Tochter der verwittweten Herzogin von Bedford, Schwägerin Heinrich's V., aus deren zweiter Ehe mit Sir Richard Wydevile (Woodville), den Eduard IV. später zum Grafen

---

[1] Dies ist auch Rötscher's Auffassung.
[2] Siehe hierüber Holinshed's Auslassungen p. 717 ff. bei Gelegenheit der Wegführung des Prinzen York aus der Freistatt Westminster. Der Chronist versichert in höchstem Ernst, dass der heilige Petrus selbst, von einer grossen Zahl Engel begleitet, diese Freistatt geweiht habe.

Rivers ernannte; mütterlicherseits war ihre Abstammung also nicht so niedrig, wie Richard ihr im Drama vorwirft. Elisabeth heirathete zuerst den John Grey, der, wie sie selbst, zur Parthei der Lancasters gehörte. Heinrich VI. schlug ihn am Tage der zweiten Schlacht von St. Albans zum Ritter, doch wurde er in derselben Schlacht (17. Febr. 1460) getödtet. Diese erste Verbindung Elisabeth's, aus der die zwei, im Drama auftretenden Söhne, Thomas, nachmals Marquis Dorset und Richard, nachmals Lord Grey, hervorgingen, war also in der That unter ihrem Stande geschlossen. Schwer begreiflich ist es nun, wie Shakespeare bei Erwähnung der ersten Begegnung Elisabeth's mit Eduard IV. (3. Thl. Heinrich VI, A. III, Sc. 2) von Sir John Grey, Elisabeth's erstem Gatten, den König Eduard ausdrücklich sagen lassen kann, dass:

In dem Streite für das Haus von York
Der würd'ge Mann sein Leben eingebüsst.

Bei Holinshed, der, wie so viele Ereignisse, je nach den Quellen, denen er folgte, auch diese Begegnung zweimal ausführlich schildert, ist in der ersten, dem Abschnitte Eduard IV. entnommenen Stelle (p. 668) der Partheistellung Elisabeth's und des getödteten Sir John Grey allerdings nicht ausdrücklich gedacht; bei der in den Jugendarbeiten besonders hervortretenden Gleichgültigkeit Shakespeare's für das historische Detail wird der Irrthum hieraus einigermassen erklärlich, da nicht anzunehmen ist, dass unser Dichter aus dem ästhetischen Grunde einer besseren Motivirung absichtlich die Partheistellung umgedreht habe. In dem von Thomas More herrührenden Abschnitt Eduard V. befindet sich aber in der wiederholten Erzählung dieser Begegnung die Partheistellung der Greys so bestimmt angegeben,[1] dass Shakespeare sie nicht mehr übersehen konnte, und so äusserte sich dann Richard III. (A. I, Sc. 3), im strictesten Gegensatz zu jener Stelle in Heinrich VI., ganz richtig dahin:

In all' der Zeit war't ihr und Grey, cur Mann,
Partheiisch für das Haus von Lancaster,
Ihr, Rivers, war't es auch. Fiel euer Mann
Nicht zu Sanct Albans in Margaretha's Schlacht?

---

[1] Holinshed p. 726. *Howbeit, this dame Elizabeth hir selfe, being in service with queene Margaret, wife unto King Henrie the sixt, was married unto one John Greie an esquire, whome King Henrie made Knight upon the field that he had on Barnet heath by saint Albons against King Edward.*

Dass Shakespeare, nachdem er den Richard III. geschrieben, jenen Irrthum in dem fortwährend zur Aufführung gelangenden Stücke Heinrich VI. allem Anscheine nach gar nicht berichtigt hat (die betreffende Stelle lautet in der alten Bearbeitung, der *True Tragedy*, fast wörtlich wie in der Folio), ist charakteristisch für den Dichter, für die Herausgeber und für den Mangel an jeglichem *furor criticus* im Publikum jener Zeit.

Die nähere Schilderung der Elisabeth fand Shakespeare bei Holinshed, und zwar in der ersten Erzählung ihres Zusammentreffens mit Eduard.[1]) Sie war hiernach weniger eine glänzende Schönheit, als von höchster Liebenswürdigkeit und feinstem Takt in Benehmen und Rede. Diese Charakteristik hat Shakespeare, wie ich darthun werde, mit strengster Consequenz durch beide Stücke, Heinrich VI. und Richard III., hindurch festgehalten und ist auch da nicht davon abgewichen, wo Holinshed später, auf More's und Grafton's Autorität hin, ein schwärzeres Bild der Elisabeth giebt.

Gleich die erste Scene ihres Auftretens (3. Thl. Heinrich VI., A. III, Sc. 2) stellt ihren Charakter in das vortheilhafteste Licht. Die züchtige, echt weibliche, von jeder Koketterie entfernte Weise,[2]) wie sie die Anspielungen des frivolen Königs zuerst nicht verstehen will, dann, nachdem er mit seinen unzüchtigen Anträgen geradezu herausrückt, dieselben mit Ernst und Entschiedenheit zurückweist, gewinnt bei Shakespeare um so grössere Bedeutung, als er es sonst und nicht etwa bloss in den Jugendarbeiten liebt, selbst den züchtigsten Frauen unzüchtige Wortspiele und Reden in den Mund zu legen. Dass sie demnächst den ernstgemeinten Anträgen des Königs nachgiebt und ihm die Hand reicht,[3]) wird selbst die Prüderie nicht anstössig finden wollen. Sie übt bei Shakespeare lange Zeit hin-

---

[1]) Holinshed p. 668. *She was a woman of a more formall countenance than of excellent beautie, and yet both of such beautie and favour, that with hir sober demeanour, sweete looks and comelie smiling (neither too wanton nor too bashfull) besides hir pleasant tong and trim wit she so allured and made subject unto hir the heart of that great prince (Edward), that after she had denied him to be his paramour, with so good maner and words so well set as better could not be devised, he finallie resolved with himselfe to marrie hir.*

[2]) Meine Ansicht steht also der Dingelstedt'schen schnurstracks entgegen, welcher Elisabeth in der Bearbeitung dieser Scene durch Zusätze und Bühnenweisungen zur schlauen Kokette stempelt, die den König in ihr Netz ziehen will. Er nennt die Scene (Bd. I, S. 135) ein „Cabinetsstück weiblicher Koketterie". Für diese Auffassung finde ich weder im Stück noch in Holinshed auch nur den leisesten Anhalt, noch wird sie von andern Kritikern getheilt.

[3]) Die Heirath fand am 1. Mai 1464 statt, die Krönung am 22. März 1465.

durch den heilsamsten Einfluss auf ihn; er ist ein zärtlicher Gatte und Vater und erst in dem Drama Richard III. erfahren wir wieder, dass Frau Shore und andere Buhlerinnen sein Herz eingenommen haben.

Ebenso takt- und würdevoll wie gegen Eduard, ist ihr Benehmen gegen die über diese Heirath und die Begünstigung ihrer Familie erzürnten Brüder des Königs (3. Thl. Heinrich VI., A. IV, Sc. 1), desgleichen ihre Fassung im Unglück, als ihr Gemahl (A. IV, Sc. 4) gefangen genommen und sie gezwungen ist, mit dem Kinde unter ihrem Herzen, in die Freistatt zu flüchten. Alle Reden, von der ersten bis zur letzten, die Shakespeare ihr in den Mund legt, sind mit ganz besonderer Sorgfalt und Feinheit ausgearbeitet.

In Richard III. ist sie, wenn richtig aufgefasst, unbedingt die bedeutendste Frauengestalt. Wir sehen sie zuerst (A. I, Sc. 3) in tiefer Sorge um den immer schwächer werdenden König und ihre eigne Zukunft; die instinctartige Furcht vor Gloster tritt hier schon deutlich hervor. Als derselbe hinzutritt, vertheidigt sie sich mit Würde und Freimuth gegen dessen Angriffe, bis an die äusserste Grenze, aber auch nicht weiter, seinen Spott und Hohn erduldend. Eine wehmüthige Resignation weht durch den ganzen Dialog; man fühlt die Wahrheit ihres Ausrufs, sie habe „wenig Freude auf Englands Thron".

Mit tiefer Genugthuung erfüllt sie die, von dem sterbenden Eduard erstrebte und, wie sie glaubt, aufrichtig gemeinte Versöhnung ihrer Familienglieder mit Gloster, Buckingham, Hastings und deren Anhang (A. II, Sc. 1). Der schöne Traum dauert nicht lange.

Allsch'nder Himmel, welche Welt ist dies!¹)

ruft sie verzweifelnd, als Gloster den bereits erfolgten Tod des Clarence der vor Schreck erstarrenden Versammlung meldet und sie, die gerade um seine Begnadigung gebeten, damit der niederträchtigsten Heuchelei bezüchtigt.

Das längst Gefürchtete tritt herein, ihr Gemahl, der König, stirbt. Ihr Schmerz (A. II, Sc. 2) ist unermesslich; ihr Sohn Dorset und ihr Bruder Rivers suchen sie zu trösten und verweisen sie auf ihre Pflichten gegen den jungen König. Die Verhaftung von Rivers und

---

¹) Wenn der furchtbare Schreck, welchen die unerwartete Mittheilung von Clarence's Tod in der Versammlung verursacht, mimisch vollendet dargestellt wird, so kann dieser, nach einer Pause ausgestossene Ausruf der Elisabeth von ausserordentlicher Wirkung sein.

Grey öffnen ihr leider bald die Augen über Gloster's Absichten, deren Endziel sie schon bei dieser ersten Gewaltthat klar durchschaut (A. II, Sc. 4). Sie entschliesst sich ohne Zögern mit ihrem jüngsten Sohn York in die Freistatt Westminster zu flüchten; des Cardinals Bourchier und Hastings Ueberredungen locken jedoch den unglücklichen Prinzen wieder von ihr weg (A. III, Sc. 1) und seinem blutigen Schicksal entgegen.¹)

Die beiden Prinzen werden von Richard im Tower gefangen gehalten. Mit der alten Herzogin York und der unglücklichen Anna, Gloster's Gattin, wallfahrtet sie dorthin,²) die Kinder noch einmal zu sehen (A. IV, Sc. 1). Brakenbury verweigert auf Befehl Richard's den Zutritt; gleichzeitig bringt Stanley die Nachricht, dass Richard im Begriffe stehe, sich als König krönen zu lassen. Elisabeth sieht das Verhängniss näher schreiten; sie räth ihrem Sohn Dorset zur Flucht über's Meer zu Richmond (ergreift damit also im Drama die Initiative zur Unterstützung dieses Prätendenten, der sich dann sofort Stanley anschliesst) und nimmt mit rührender Apostrophe an den Tower den letzten Abschied von ihren unglücklichen Söhnen.

Erbarmt euch, alte Steine, meiner Knaben,
Die Neid in euren Mauern eingekerkert!
Du rauhe Wiege für so holde Kinder!
Felsstarre Amme! finstrer Spielgesell
Für zarte Prinzen! Pflege meine Kleinen.
So sagt mein thöricht Leid Lebwohl den Steinen.

Hazlitt erklärt mit Recht diesen Abschied, nebst Tyrell's Beschreibung der im Schlaf gemordeten Prinzen (A. IV, Sc. 3), für die rührend-schönsten Stellen des ganzen Dramas.

Der letzte Schlag ist gefallen; die Prinzen sind ermordet. In die Klagen der trostlosen Elisabeth (A. IV, Sc. 4) und der alten Grossmutter, der Herzogin von York, mischt das am hellen Tage umwandelnde Gespenst der Lancasters, Margarethe, zum letztenmal seine unheimlichen Triumphgesänge der gesättigten Rache. Elisabeth wünscht von ihr fluchen zu lernen. Dem auf dem Marsch herannahenden Richard schleudert sie ihre verzweiflungsvollen Anklagen

---

¹) Alles Thatsächliche in dieser Scene ist Holinshed entnommen.
²) Selbstverständlich sind diese Scenen frei erfunden. Der Dichter hat auch nicht für nöthig erachtet, eine Motivirung beizufügen, wie Elisabeth dazu gekommen, die Freistatt wieder zu verlassen, wohin er sie früher flüchten liess.

entgegen; sie hört der alten Mutter furchtbaren Fluch über den verbrecherischen Sohn; aber sie selbst kann darum doch nicht fluchen:

.Zwar weit mehr Grund zum Fluchen wohnt mir bei,
Doch minder Muth!¹) drum sag' ich Amen nur.

Sie wendet sich zum Gehen, da hält Richard, der sich vom zerschmetternden Mutterfluch mühsam wieder aufgerichtet, ihre Schritte auf, und es beginnt jene grosse Scene der Werbung um Elisabeth's Tochter, die nach der bisher allgemein getheilten Ansicht unserer Aesthetiker mit dem Siege Richard's endigt.

Ehe ich meine vollkommen entgegengesetzte Ansicht näher begründe, vergegenwärtige man sich den Charakter Elisabeth's, wie er sich bis dahin durch alle Phasen von Glück und Unglück, im Handeln wie im Leiden entwickelt hat. Denn im schroffen Gegensatz mit der Anna-Scene ist Elisabeth's Charakter vor dem Eintritt in diese grosse Versuchung allseitig auf's schärfste gezeichnet, während Anna vorher völlig im Dunkeln blieb, und wir die Grundzüge ihres Wesens, soweit sie nicht aus der Werbungsscene selbst erkenntlich werden, erst später näher kennen lernen.

Der Grundzug des Charakters der Elisabeth ist echt weibliche Würde, und zwar mehr der Frau, als speciell der Königin; es bleibt auch auf dem Thron gleichsam ein leiser Anflug von der Parvenue an ihr haften. Ihre Sprache ist stets edel und gewählt; sie lässt sich auch durch die heftigste Erregung nicht zu unpassenden Aeusserungen, oder gar Schimpfworten hinreissen, wie Anna, Margarethe und die Herzogin York. Ganz besonders tritt diese edle Sprache und Gesinnung in ihren Dialogen mit Richard, ihrem Todfeind, hervor. Elisabeth, die tiefgekränkteste von allen, ist doch die gemessenste; sie allein enthält sich consequent der höhnenden Aeusserungen über Richard's körperliche Missgestalt, mit denen doch sonst nicht bloss die drei übrigen Frauen des Stücks, sondern seine Gegner überhaupt, mehr als freigebig sind.

Unbeholf'ner Klump,
Der krumm von Sitten ist, wie von Gestalt.

So von Clifford schon beim ersten Auftreten (2. Thl. Heinrich VI, A. V, Sc. 1) empfangen, bieten die drei Dramen eine Blumenlese von Schmähungen seiner Missgestalt, selbst seitens der eignen Mutter,

---

¹) Im Original: „spirit", welches Schlegel durch „Muth" hier nicht ganz richtig übersetzt hat.

die fast alles Maass übersteigt. Dass aber Shakespeare die Königin Elisabeth absichtlich hiervon hat ausnehmen wollen, wird nicht bloss durch die ausserordentliche Sorgfalt und Ueberlegung, mit der alle ihre Reden ausgearbeitet sind, bewiesen, sondern sie tadelt auch ausdrücklich den vorlauten, kleinen York (A. II, Sc. 4) wegen seiner Spöttereien über Richard's körperliche Fehler und thut dadurch die Falschheit der Beschuldigungen Buckingham's und Richard's dar, welche (A. III, Sc. 1) in dessen Stichelreden die Anstiftung der Mutter sehen wollen. Das Urtheil, welches ihr Gegner Richard bei dieser Gelegenheit über den kleinen York und damit indirect auch über Elisabeth fällt:

O, 's ist ein schlimmer Bursch!
Keck, rasch, verständig, altklug und geschickt,
Die Mutter ganz vom Wirbel bis zum Zeh.

ist hiernach nicht als deren Charakteristik, wie sie der Dichter selbst auffasst, anzusehen, zeigt jedoch hinlänglich den Respect, welchen Richard vor ihren geistigen Fähigkeiten hat, und erklärt dessen besonderen Hass gegen sie, der er stets mit voller geistiger Rüstung gegenüber treten muss, während er Anna, Margarethe und seine Mutter weit leichter, vielfach satyrisch, abfertigt. Kopf und Herz sind bei ihr im Gleichgewicht, Alles an ihr harmonisch.

Der allerhervorstechendste Charakterzug bei Elisabeth bleibt aber ihre Liebe zu ihrer Familie, ihrem Gatten, ihren Kindern, ihren Geschwistern. Ohne dass Shakespeare die Königin einer directen Mitschuld an der maasslosen Begünstigung ihrer Verwandten durch König Eduard zeiht, hebt er unausgesetzt ihre Sehnsucht nach ruhigem Familienglück, ihre Liebe und Sorge für ihre Kinder und Angehörigen hervor. Entgegengesetzt dem Charakter der Margarethe, dieser politischen Furie, ist sie vor Allem Gattin, Mutter und dann erst Königin; die Krone an sich hat ihr kein Glück gebracht. Persönlicher Ehrgeiz, wie die geschichtliche Elisabeth besessen haben mag, ist, meiner Ansicht nach, in dem von Shakespeare gezeichneten Charakterbilde nicht enthalten. Sie kämpft für die Rechte und das Glück ihrer Kinder, nicht für ihre eigene Stellung.

Der so geschilderten edlen Frau tritt nun Richard, bei der ersten Begegnung nach der Ermordung ihrer beiden Söhne, gegenüber, und wirbt um die Hand ihrer ältesten Tochter, an Stelle der eben von ihm in's Jenseits beförderten Tochter Warwick's. Die Scene ist mit ausserordentlicher Sorgfalt gearbeitet (allerdings sind die vielfach darin enthaltenen Antithesen nicht mehr nach dem heutigen

Geschmack), und sie übertrifft hierin noch die Parallel-Scene der Werbung um Anna, ist auch noch weit umfangreicher und überhaupt wohl die längste Dialog-Scene, die in irgend einem Shakespeare'schen Stück vorkommt.[1]) In Gemässheit des nach Ueberschreitung des dramatischen Höhepunktes veränderten Charakters und Auftretens von Richard, sowie des Umstandes, dass er der Mutter, nicht der begehrten Tochter gegenübersteht, sind Sprache und Fechtweise hier ganz andere, als in der Anna-Scene; sie gleichen sich nur in dem einem Punkte, dass sie beide mit gleicher Feinheit auf die, bei beiden Frauen vorausgesetzten schwachen Seiten lossteuern.

Ehe Richard nur seine Absichten angedeutet, ahnt die Mutter bereits, dass es sich um der Tochter Schicksal handelt; die Erwähnung ihres Namens durch Richard macht sie schon zittern für deren Leben. Er deutet zuerst an, dass er ihre Familie erhöhen, ihr Ersatz für erduldete Leiden gewähren wolle, so weit es in seiner Macht stehe, erklärt dann offen seine Liebe zu ihrer Tochter und bittet die Mutter, sein Anwalt bei ihr zu sein. Die Schuld an der Ermordung ihrer Söhne weist er anfangs zurück; später giebt er sie indirect zu, indem er seine Reue über „Geschehenes, was nicht mehr zu ändern", betheuert. Er heisst die Königin sich in das Unabänderliche zu fügen und malt ihr in langer wohlgesetzter Rede,[2]) die den Mittelpunkt des ganzen Angriffs bildet, das Glück ihrer Zukunft als Mutter und Grossmutter aus.

> Ihr werdet wieder Mutter eines Königs,
> Und alle Schäden drangsalvoller Zeiten
> Zweifach ersetzt mit Schätzen neuer Lust;
> Ei, wir erleben noch viel wack're Tage!
> Die hellen Thränentropfen kommen wieder,
> Die ihr vergosst, in Perlen umgewandelt;
> Das Darlch'n euch vergütend, mit den Zinsen,
> Von zehnfach doppeltem Gewinn des Glücks.

Nach diesem, auf Elisabeth's hervorstechendste Eigenschaft, auf ihre Mutterliebe berechneten Angriff, worin auch die Wiederver-

---

[1]) Sie hat nicht weniger als 238 Verse, wovon 57 in den Quartos fehlen; da es nicht wahrscheinlich ist, dass diese Auslassung den Herausgebern zur Last fällt, so wird wohl Shakespeare selbst die nachträgliche Erweiterung vorgenommen haben.
[2]) Dieselbe, die in den Quartos fehlt.

einigung mit ihrem geliebten Sohn Dorset, der zu Richmond geflohen war, eine bedeutende Rolle spielt, kommen die staatsmännischen Gründe an die Reihe. Er zeigt ihr Englands Frieden in diesem Bündniss, die Tochter als mächtige Königin. Ganz zuletzt erst, als Alles unwirksam geblieben, malt er ihr die drohende Perspective künftigen Unglücks für sie, ihre Familie und ihr Land aus, das der Nichtgewährung seines Gesuchs folgen würde.

Die Sprache Richard's im ganzen Dialog bekundet zunächst eine grosse Selbstbeherrschung der von ihm besonders gehassten Feindin gegenüber; den Unmuth über ihren hartnäckigen Widerspruch, ihre tieftreffenden Anklagen, der manchmal aufblitzen will, drängt er stets schnell wieder zurück. Die Heuchelei seiner Liebe für Elisabeth's Tochter trägt ein ernstes ehrbares Gewand; der König steht stets hinter dem Liebhaber. Nur ein, durch die Wiederholung aus der Anna-Scene abgeblasstes, Motiv hätte Shakespeare vermeiden sollen, die Andeutung nämlich, dass Richard die Morde der Prinzen und seiner ersten Gattin ebenso aus Liebe zu Elisabeth's Tochter vollbracht, wie einst die Eduard's und Heinrich's aus Liebe zu Anna. Wenn dasselbe Argument hier auch einer andern Person gegenüber wiederholt wird, so bekommt es doch der Zuhörer zweimal zu kosten; auch durfte dasselbe wohl bei Anna, sicherlich aber nicht bei Elisabeth auf Wirkung rechnen.

Wenn nun, wie unsere Aesthetiker behaupten, Elisabeth durch Richard's Ueberredung gewonnen wird, bei ihrer Tochter für den Mörder ihrer Söhne zu werben, so muss sich dies zunächst durch ihre ganze Haltung während des Gesprächs documentiren; wir müssen an ihr, wie seiner Zeit an Anna, den Eindruck von Richard's Verführung stufenweise verfolgen können, müssen ihre Nachgiebigkeit entstehen und wachsen sehen. Vergeblich wird aber Jemand, von den Schlussversen vorläufig abgesehen, in dem fast ermüdend langen Gespräch mit Richard nur die leiseste Spur einer solchen allmählig hervortretenden Wirkung auf Elisabeth entdecken. Sie jammert zunächst um ihre Tochter, als der Tyrann ihrer nur erwähnt; seiner halben Ablengnung gegenüber setzt sie die directe Beschuldigung des Mordes ihrer Söhne; die Mittheilung seiner Absichten auf ihre älteste Tochter weist sie mit tiefstem Abscheu zurück, indem sie ihm als den besten Weg zur Werbung bezeichnet:

Schick' durch den Mann, der ihre Brüder schlug,
Ihr ein paar blut'ge Herzen; grabe drein:
Eduard und York; dann wird sie etwa weinen,

Drum biet' ihr (wie Margaretha deinem Vater
Weiland gethan, getaucht in Rutland's Blut)
Ein Schnupftuch, das den Purpursaft, so sag' ihr,
Aus ihrer süssen Brüder Leibe sog,
Und heiss' damit ihr weinend Aug' sie trocknen.

In der darauf folgenden langen Rede Richard's, die mit den Worten:

Seht, was gescheh'n, steht jetzo nicht zu ändern,

beginnt, drängt derselbe nun Alles zusammen, was seiner Ansicht nach auf eine ihre Kinder und ihr Vaterland liebende Frau nur einwirken kann. Die sich unmittelbar anschliessende lange Dialog-Scene in einzeiligen Antithesen zeigt aber nicht bloss, dass Elisabeth unerschüttert geblieben, sondern sie wird umgekehrt zur Angreifenden; sie lässt ihn, als er seine Liebe und seine redlichen Absichten beschwören will, kaum zu Worte kommen, indem sie jeden seiner Schwüre in immer wachsender Entrüstung durch den Hinweis unterbricht, wie er Ehre, Würde, Gott, Welt, sich selbst, die Zukunft, kurz Alles, wobei er zu schwören versucht, geschändet habe, — jedes Wort ein Dolchstoss für Richard.

Die Haltung Elisabeth's ist bis dahin, also bis unmittelbar vor Schluss der Scene, so unzweideutig, dass es dem gesunden Menschenverstand rein unmöglich sein würde, eine beginnende Nachgiebigkeit hinein zu interpretiren. Richard spielt nun seinen letzten Trumpf auf, indem er, wie schon erwähnt, den bisherigen Argumenten ein Neues, die Drohung, hinzufügt:

Denn ohne sie erfolgt für mich und dich,
Sie selbst, das Land und viele Christenseelen,
Tod und Verwüstung, Fall und Untergang.
Es steht nicht zu vermeiden, als durch dies;
Es wird auch nicht vermieden, als durch dies.

Damit heisst er sie zum letzten Mal für ihn bei der Tochter zu werben, nicht „launenhaft in grossen Dingen" zu sein.

Offenbar macht diese neue Wendung auf Elisabeth einen Eindruck. Sie war bisher in steigender Leidenschaftlichkeit rücksichtslos dem Tyrannen entgegen getreten. Seine Drohungen erinnern sie erst wieder daran, dass er Herr ihres, wie des Lebens ihrer übrigen Kinder ist. Sie fühlt, dass das gefährliche Gespräch abgebrochen werden muss; auf Entgegnungen lässt sie sich nicht mehr ein; ihre

Klugheit hat wieder die Herrschaft über das empörte Gefühl gewonnen. Der Schluss nach jener letzten Anrede Richard's, aus dem unsere Kritiker ihre Niederlage herauslesen, lautet nun nach Schlegel wörtlich:

Elisabeth.
Soll ich vom Teufel so mich locken lassen?
Richard.
Ja, wenn der Teufel dich zum Guten lockt.
Elisabeth.
Soll ich denn selbst vergessen meiner selbst?
Richard.
Wenn eurer selbst gedenken, selbst euch schadet.
Elisabeth.
Du brachtest meine Kinder um.
Richard.
In eurer Tochter Schooss begrab' ich sie;
Da, in dem Nest der Würz', erzeugen sie
Sich selber neu, zu eurer Wiedertröstung.
Elisabeth.
Soll ich die Tochter zu gewinnen geh'n?
Richard.
Und sei beglückte Mutter durch die That.
Elisabeth.
Ich gehe, schreibt mir allernächstens,
Und ihr vernehmt von mir, wie sie gesinnt.[1])
Richard.
Bringt meinen Liebeskuss ihr, und lebt wohl.
(küsst sie.[2]) Elisabeth ab.)
Nachgieb'ge Thörin! wankelmüthig Weib!

Wenn, wie schon erwähnt, die Haltung der Elisabeth vor der

---

[1]) Diese Zeile fehlt in den Quartos; für die Controverse in der Auffassung der ganzen Scene ist es ohne wesentliche Bedeutung, ob sie stehen bleibt oder wegfällt.

[2]) Die Bühnenweisung „küsst sie" steht weder in den Quartos noch in den Folios, sondern ist ein späterer Zusatz Johnson's, den seitdem die meisten Herausgeber, auch Delius, adoptirt haben. Die Richtigkeit dieser Weisung ist nicht über jeden Zweifel erhaben; jedoch erscheint sie unbedenklich und lässt sich mimisch ausserordentlich gut verwerthen. Auf der englischen Bühne wird der Kuss mit der darauf bezüglichen Stelle weggelassen.

zuletzt ausgespielten Drohung eine vollkommen unzweideutige, d. h. mit Entrüstung ablehnende war, so kann allerdings nicht in Abrede gestellt werden, dass der citirte Schluss des Zwiegesprächs in seiner Unbestimmtheit die Möglichkeit einer Deutung zulässt, als sei sie den letzten Argumenten unterlegen, als ginge sie ab mit der ernstlichen Absicht, ihre Tochter für Richard zu freien. Zum zweitenmal in derselben Scene (A. IV, Sc. 4) und unmittelbar auf einander folgend, haben wir also bei Shakespeare die Erscheinung, dass für uns die wichtigsten psychologischen Fortschritte der Handlung aus der Lectüre des Dramas nicht unmittelbar hervortreten, sondern erst durch die ästhetische Kritik ermittelt werden müssen; es betrifft dies Richard's Verhalten bei der Verfluchung durch seine Mutter und hier Elisabeth's Verhalten am Schluss der Werbungs-Scene. Erklärbar durch seine Stellung zur Bühne ist dies gleichwohl ein Fehler Shakespeare's; bei so wichtigen Abschnitten der fortschreitenden Handlung musste es nicht bloss der Auffassung des Schauspielers überlassen bleiben, die Intention des Dichters richtig wiederzugeben, oder zu verwischen, oder gar in's Gegentheil umzukehren. Einige bei Seite gesprochene Worte, zur Noth selbst eine Bühnenweisung hätten genügt, jeden Zweifel über die richtige Auffassung unmöglich zu machen. Denn es bedarf keiner Auseinandersetzung, wie es sowohl für die ästhetische Würdigung, als für die Bühnenwirkung des Stücks absolut nothwendig ist, hier vollkommen klar zu sehen und möge aus diesen beiden Beispielen überhaupt gefolgert werden, wie unendlich hoch die Bühnenwirkung Shakespeare'scher Stücke über dem blossen Eindruck ihrer Lectüre steht, indem die Bühne klar erkenntlich zur Anschauung bringt, wo bei der blossen Lectüre die richtige Auffassung vielfach erst aus mühsamer Reflexion herauswachsen muss.

Ich habe nun mit dem Anerkenntniss zu beginnen, dass meine Ansicht: Richard habe keinen Sieg über Elisabeth erfochten, sondern die entschiedenste Niederlage erlitten, in der Shakespeare-Literatur bis jetzt allein steht.[1]) Der nähern Begründung dieser in mir, sowohl durch den unmittelbaren ersten Eindruck, als durch reifliches Nachdenken zur festen Ueberzeugung

---

[1]) Dass in mündlicher Erörterung dieser Controverse viele befreundete Shakespeare-Kenner, z. B. Delius, Ulrici, Bodenstedt, Elze, Gottschall, sich meiner Ansicht bereits angeschlossen, darf ich aber hier nicht unerwähnt lassen.

gewordenen Ansicht, schicke ich eine kurze Zusammenstellung der bezüglichen Beurtheilungen durch die bedeutenderen Repräsentanten dieses Literaturzweiges voraus.

Von den Engländern finde ich die Elisabeth-Scene zuerst bei Richardson besprochen. Er nennt sie eine blosse Copie der Anna-Scene, wünscht beinahe, dass letztere durch erstere ersetzt worden sei, weil sehr gute und vernünftige Gründe für die Heirath Richard's mit der Tochter Elisabeth's, aber keine für seine Heirath mit Anna vorgelegen hätten. Allerdings lassen diese Aeusserungen nicht mit Bestimmtheit schliessen, ob er den Richard als Sieger in dem dialektischen Zweikampf mit Elisabeth anerkennt.

Johnson, dessen Urtheil allerdings wenig bedeutet, äussert sich mit seiner gewöhnlichen Suffisance: *On this dialogue 'tis not necessary to bestow much criticism, part of it is ridiculous and the whole improbable.* Mason fertigt ihn treffend ab, indem er sagt: *I see nothing ridiculous in any part of this dialogue, and with respect to probability it was not unnatural that Richard should hope to persuade an ambitious, and, as he thought' her, a wicked woman, to consent to his marriage with her daughter, which would make her a queen, and aggrandize her family.* Weder Johnson's noch Mason's Ansichten über die vorliegende Controverse sind hieraus bestimmt zu ersehen; jedoch unterscheidet Mason offenbar in den Ausdrücken *ambitious* und *wicked* zwischen seiner eignen und der von Richard unterstellten Meinung über den Charakter der Elisabeth.

Zu den Schriftstellern des 19. Jahrhunderts übergehend, so finden sich in Coleridge und Hazlitt, den ersten Shakespeare-Kritikern Englands, leider keine speciellen Auslassungen über diese Scene.

Dagegen spricht sich Courtenay sehr bestimmt aus und obgleich derselbe nur Historiker ist und jeden Anspruch auf ästhetisch-kritische Bedeutung seines Werks ausdrücklich ablehnt, so tritt doch sein Einfluss auf die spätere Beurtheilung der in Rede stehenden Scene vielfach, insbesondere auch bei neueren deutschen Kritikern hervor. Courtenay sagt über die bezügliche Scene bei Shakespeare wörtlich: „Richard habe darin die Königin-Wittwe überredet, die damit begonnen, ihm eine ganze Reihenfolge von Verbrechen vorzuhalten, um ihm zuletzt ihre Tochter zu übergeben, so wie er Anna überredet habe, ihn selbst zu heirathen." Diese Auffassung erklärt sich bei Courtenay einfach durch die vorausgegangene Behauptung, dass nach More (Holinshed) Elisabeth für die Heirath ihrer Tochter mit Richard durch Versprechungen von Vortheilen für ihre

Familie sowohl, als durch dessen „*wily wit*" bewogen worden sei. Courtenay findet also in der bezüglichen Scene des Dramas ganz einfach eine Uebereinstimmung Shakespeare's mit seiner Quelle. Ich werde weiter unten zeigen, dass diese Behauptung Courtenay's, dem schon in mehreren anderen Punkten ähnliche Irrthümer nachgewiesen, falsch ist.

Von neueren englischen Kritikern führe ich hier nur Lloyd[1]) an, welcher sich, genau im Sinne und wohl auch unter dem Einfluss der deutschen Kritik, klar und einfach für die Niederlage Elisabeth's ausspricht. Nirgends finde ich überhaupt eine Polemik über diese Frage, was für England um so auffälliger ist, als, wie ich später nachweisen werde, die Bühnen-Tradition dorten eine ganz entgegengesetzte, mit der meinigen vollständig übereinkommende Auffassung festhält.

Bei den französischen Kritikern, Guizot, Mezières u. s. w., habe ich vergeblich eine eingehende Besprechung dieser Scene und des Charakters der Elisabeth überhaupt gesucht.

Ich komme nun zu den Urtheilen der deutschen Shakespeare-Gelehrten. Der Begründer der ästhetischen Shakespeare-Kritik, A. W. v. Schlegel, geht in seinen meisterhaften Vorlesungen über dramatische Kunst auf die Charakteristik der Elisabeth leider nicht ein.

Die erste eingehende Erörterung findet sich bei Horn[2]) und es scheint beinahe, wenn man von den oben citirten, zu unbestimmt gehaltenen Aeusserungen Richardson's und Mason's absieht, als ob diesem schwachen Kritiker die Ehre zukäme, die meiner Ansicht nach falsche Auffassung von der Schwäche und Niederlage Elisabeth's zuerst bestimmt ausgesprochen zu haben. Sie entsprach auch ganz der Tendenz der Romantiker, bei denen nur die gezwungenen unnatürlichen Auffassungen zu Ehren kamen. Horn's fernere Entdeckungen, z. B. dass „die Angst" dem Richard „eine neue Begeisterung" gegeben, wodurch er Elisabeth besiegt habe, sind übrigens sein alleiniges geistiges Eigenthum geblieben.

---

[1]) Die in vieler Beziehung verdienstvollen *Critical Essays* von W. W. Lloyd finden sich am Schlusse der einzelnen Dramen in der neuen Singer'schen Gesammt-Ausgabe von Shakespeare's Werken, London 1856. Die hier angezogene Stelle (Vol. VI, p. 569) lautet wörtlich: *He gains over the mother of the princes he murdered, by appeal to her passion for position, her preference for her son Dorset and by false penitence.*

[2]) Shakespeare's Schauspiele, erläutert von Franz Horn, 1826, Bd. III, S. 141 ff. Horn schrieb also vor Courtenay.

Ulrici's Besprechungen der Dramen gehen nur auf die Grundzüge der Handlung und der Hauptcharaktere ein, so dass von ihm leider keine speciellen Aeusserungen über die in Rede stehende Scene vorliegen. Ebensowenig von Fr. Vischer, obgleich der in seinem vortrefflichen Aufsatz: „Shakespeare in seinem Verhältniss zur deutschen Poesie" (Kritische Gänge, S. 50) gebrauchte Pluralis: „Die Weiber lassen sich von seiner frechen Beredtsamkeit bethören", vielleicht auch auf die Elisabeth-Scene bezogen werden darf.

Rötscher,¹) der im Uebrigen nebst Vischer am tiefsten in den Geist dieser Tragödie eingedrungen sein dürfte, der auch den Unterschied zwischen der Dialektik Richard's in der Anna- und der Elisabeth-Scene am correctesten zeichnet, spricht sich klar für die Niederlage der Elisabeth aus; er glaubt, dass die „Sorge für das Gemeinwohl, diese letzte mit gewaltiger Kraft angewandte Waffe Richard's", den Ausschlag bei ihr gegeben habe.

Gervinus spricht sich, bezüglich der Motivirung, wie Rötscher aus, fügt jedoch hinzu, dass die Furcht bei Elisabeth ihr Theil mitgewirkt habe; die hierbei eingeschaltete Beziehung auf die Chronik, die solches angebe, trifft, wie ich zeigen werde, nicht zu und scheinen mir überhaupt die schon erwähnten unrichtigen Angaben des von Gervinus vielfach benutzten Courtenay von Einfluss auf sein Urtheil gewesen zu sein. Denn wenn er ferner erwähnt, dass Elisabeth gleichzeitig dieselbe Tochter dem Prätendenten Richmond versprochen und so „den Täuscher Aller getäuscht und mit ihrer Güte und Schwäche den Argen und Starken überlistet habe", so liegt es in der That näher, den Vorsatz zu dieser Täuschung Richard's unmittelbar aus dessen Drohungen in der Seele der Elisabeth entstehen zu lassen, wie dies meine Ansicht ist, als sie, nach Gervinus, zuerst durch Richard's Beredung moralisch gewinnen und sie dann sofort nach ihrem Abtreten von der Scene, ohne jede Motivirung des abermaligen Sinneswechsels, das trügerische Doppelspiel beginnen zu lassen. Ich glaube, dass die Prämissen von Gervinus folgerechter zu meiner, als zu seiner Ansicht hinüberleiten, um so mehr als für die von ihm der Elisabeth zugeschriebene „tiefe Verstellungskunst" gar kein anderweitiger Anhalt im Drama geboten ist.

Kreyssig²) bezeichnet die Scene als „den Triumph männlicher,

---

¹) H. Th. Rötscher, Cyclus dramatischer Charaktere. Berlin 1844.
²) F. Kreyssig, Vorlesungen über Shakespeare. Berlin 1858. Diese so populär gewordenen Commentare haben einen hohen Werth, weil dem Verfasser ein wahrhaft intuitives Verständniss Shakespeare's beiwohnt und er,

entschlossener Verruchtheit über das mächtigste und heiligste Gefühl des Weibes, über die Mutterliebe". Er theilt also die Ansichten der vorher citirten Schriftsteller, hat jedoch von seinem Standpunkt aus vor Allem das unbestreitbare Verdienst, alsdann auch das Kind beim rechten Namen zu nennen; er ruft sogar die Pathologie zu Hülfe, um solche Verirrungen Shakespeare's im Zeichnen von Frauencharakteren zu erklären. Ich komme hierauf noch zurück.

Eine verdienstvolle, in einem Dresdener Gymnasialprogramm enthaltene, Abhandlung Schöne's über dieses Drama geht leider nicht tief genug in's Detail, um die Ansicht des Autors über die vorliegende Streitfrage erkennen zu lassen.

G. Freytag in seiner „Technik des Drama's", die viele treffende Bemerkungen über die Architektur dieses Stücks enthält, kommt in einer Anmerkung (S. 72) ebenfalls auf diese Scene zu sprechen und bemerkt dabei, wie dieselbe, wenn er sie auch im Ganzen an dieser Stelle im Drama als einen Uebelstand betrachtet, doch keineswegs ganz weggelassen, nur gekürzt werden dürfe. Auch die Kürzung müsse aber die „befehlende Härte des Tyrannen, die lauernde Feindschaft der Mutter und die Täuschung Richard's durch eine von ihm verachtete Frau" hervorheben. Hiernach scheint die Freytag'sche Auffassung der meinigen nahe zu kommen, während sie, in ihrem Zusammenhang mit der ferneren Besprechung dieser Scene, allerdings mehr auf die Gervinus'sche Ansicht hinauslaufen dürfte.

Zuletzt hebe ich noch die von Dingelstedt in der Vorrede zu seiner bereits erwähnten neuen Bühnenbearbeitung Richard's III. niedergelegte Ansicht hervor. Sie steht zwischen der traditionellen und meiner Ansicht mitten inne. Richard soll Elisabeth nur „in's Schwanken" gebracht haben. Das Resultat der Ueberredung Richard's soll sein, dass Elisabeth es unentschieden lässt, ob sie dessen Antrag annimmt oder ablehnt (S. 133); sie soll nach Dingelstedt „in vortheilhaftem Zwielicht" abtreten. Die nackten Worte des Textes lassen zur Noth zu den bisherigen auch diese Deutung zu, obgleich Dingelstedt selbst Aenderungen und Zusätze nöthig gefunden hat, um seine Auffassung klar hervortreten zu lassen.[1]) Allein es scheint

---

weit entfernt, Schlechtes und Unschönes durch geschraubte Deutungen in Grosses und Schönes umwandeln zu wollen, sein Urtheil offen und ungeschminkt abgiebt. Deeshalb irrt Kreyssig mitunter wohl in Einzelnem; im Grossen und Ganzen ist er aber fast immer auf der richtigen Fährte.

[1]) Dingelstedt (A. V, Sc. 2) lässt nämlich Stanley sagen: Elisabeth habe

mir undenkbar, dass Shakespeare eine solche hochwichtige Scene anders als mit einem ganz bestimmten Resultat habe abschliessen wollen, insbesondere da sich ein solches Schwanken mimisch kaum darstellen lässt, Shakespeare aber beim Schreiben doch nur die Bühnenwirkung im Auge hatte. So bestimmt als bei Anna ihre Niederlage, so bestimmt und unverkennbar muss bei Elisabeth's Abgang ihr moralischer Sieg, wenn meine, oder ihre Niederlage, wenn die Schulansicht richtig ist, mimisch hervortreten.[1])

Wenn also auch Gervinus, Freytag und Dingelstedt mit Rötscher, Kreyssig, Lloyd u. s. w. nicht vollkommen übereinstimmen, so sind doch diese Abweichungen nicht wichtig genug erschienen, um bisher nur zu einer Controverse Anlass gegeben zu haben; mit der positiven Ansicht aber, dass Elisabeth nur durch die Drohungen Richard's bewogen werde, das Gespräch abzubrechen und dass sie ihn absichtlich in die Täuschung versetze, als gehe sie um Anna für ihn zu gewinnen, stehe ich bisher allein.

Wenn ich für die Richtigkeit meiner Auffassung plaidire, so möchte ich zuerst den Leser bitten, möglichs von jeder, durch die hergebrachte Auffassung, sowie durch den geschichtlichen Charakter der Elisabeth (die allerdings ehrgeizig und intriguant gewesen sein mag), entstandenen vorgefassten Meinung zu abstrahiren und den Schluss der Dialog-Scene unvermittelt auf sich wirken zu lassen. Dass hier nur eine verstellte Nachgiebigkeit der Elisabeth vorliege, war mir beim ersten, durch Commentare und Conjecturen noch nicht beeinflussten Eindruck so klar, dass ich später erstaunte, von unsern berühmten Kritikern ihre Niederlage proclamiren zu hören. Nachdem ich das Stadium durchgemacht, in dem man auf die Ausleger zu schwören pflegt (das Stadium, worin so viele leider stecken bleiben, ohne je wieder aus der Fluth der Conjecturen, Varianten und Commentare zu selbstständigem Urtheil aufzutauchen),

---

der Werbung ein duldsam Ohr geliehen, doch ihre Tochter habe aus eignem Antrieb den blutigen Freier abgewiesen. Seine Ansicht ist also erst durch einen willkürlichen Zusatz in das Drama hineingetragen; sie ist übrigens consequent mit der bereits oben bekämpften Auffassung Dingelstedt's von dem Charakter der Elisabeth.

[1]) In der That machte Frl. Bussler's Spiel bei der Aufführung zum Shakespeare-Jubiläum in Weimar — der ersten in Deutschland, welche die Elisabeth-Scene überhaupt brachte — nicht den Eindruck des Schwankens, sondern des hinter der Maske der Nachgiebigkeit hervorblitzenden Entschlusses Richard zu überlisten. Dies ist die Auffassung, die ich vertrete.

kehrte ich mit verstärkten Ueberzeugungen zu der ursprünglichen
Ansicht zurück.
Und was liegt näher als diese Annahme? Welches Wort im
Dialog steht mit derselben im Widerspruch? Dass nach der letzten
grossen Attaque Richard's:

So wahr ich sinn' auf Wohlfahrt und auf Reu'! u. s. w.

Elisabeth plötzlich ihre bisherigen, immer umfangreicheren und immer
leidenschaftlicheren Entgegnungen abbricht und das Gespräch, in
vorsichtig veränderter Haltung, rasch dem Ende zuführt (sie spricht
im Ganzen nach der Folio noch 6, nach den Quartos noch
5 Verse), dass also in dieser letzten Anrede Richard's die Gründe
für diesen Umschlag zu suchen sind, ist unzweifelhaft. Aber spricht
der plötzliche Uebergang in die reservirteste Haltung, in die zwei-
deutigste Kürze, nicht grade für die Richtigkeit meiner Ansicht?
Ist dies nicht die ganz natürliche Taktik der Verstellung? Wenn
sie durch die letzten Gründe Richard's in's Wanken gekommen, so
wäre es ihr ein inneres Bedürfniss gewesen, die Unterredung weiter zu führen, schrittweise einzulenken, sich die Scrupel stückweise
aus der Seele ziehen zu lassen. Was brachte aber denn Richard's
letzte Rede ausser der Drohung Neues? Es ist ganz unzutreffend,
wenn Rötscher, Gervinus u. A. die darin entwickelten „Gründe des
Gemeinwohls", die Mahnung, nicht „launenhaft in grossen Sachen"
zu sein, als neue Argumente, und als solche den Ausschlag gebend,
bezeichnen. Denn war nicht Alles, was die Schlussrede sonst enthält,
die Versicherungen der Reue, die Betheuerungen der Liebe, der Hinweis auf die „Nothdurft und den Stand der Zeiten" u. s. w. bereits
in den früheren Reden Richard's enthalten? Neu ist nur eins in
dieser Schlussrede, nämlich die Drohung und der positiv ausgesprochene Wille des Tyrannen, dass das Bündniss un-
vermeidlich sei. Hierin, nicht in der materiellen Begründung
seiner Werbung, liegt dasjenige, was Elisabeth, die Frau mit dem
klaren, praktischen Blick, sofort bestimmt, die Regungen ihres Her-
zens, denen sie bisher rücksichtslos Worte gegeben hatte, zu unterdrücken. Was natürlicher, als dass sie das gefährliche Gespräch
abzubrechen sucht? Oder deuten etwa die kurzen Ausrufungen:

Soll ich vom Teufel mich so locken lassen?
Soll ich denn selbst vergessen meiner selbst?

auf eine innere Umwandlung, eine wirkliche Nachgiebigkeit? Ist
hier nicht absichtlich die Frageform, wie aus Vorsicht, so auch als

prägnantester Ausdruck der Verneinung gewählt? Und die Antwort Richard's auf ihren letzten Aufschrei:

Du brachtest meine Kinder um!

ist sie in ihrer Hoch-Frivolität wohl geeignet, das Mutterherz für den Mörder zu stimmen, den letzten Ausschlag zu geben, selbst wenn sie bereits wankend gewesen wäre? Elisabeth geht; Richard soll von ihr vernehmen, wie ihre Tochter gesinnt. Und was folgt, was vernehmen wir von ihr? Sie schreibt, wie wir gleich in der nächsten Scene (A. IV, Sc. 5) erfahren, durch Stanley nicht an Richard, sondern an Richmond, an den im Kriege mit Richard begriffenen Todfeind, und bietet diesem die Hand ihrer Tochter an.[1]) Bedeutet diese Thatsache denn nichts? wirft sie kein Licht auf ihre Haltung in der Werbescene zurück? Lässt sie sich mit der hergebrachten, oder auch nur mit der milderen Gervinus'schen Anschauung in Einklang bringen? Ist es überhaupt nicht viel einfacher und natürlicher, gar keine innere Umstimmung in Elisabeth anzunehmen, als sie erst Richard's Ueberredung nachgeben und dann, ohne jede Motivirung, sofort wieder umschlagen zu lassen?

Wirft auch nicht Richard's kurzer Nachruf:

Nachgieb'ge Thörin, wankelmüthig Weib!

ein Licht auf Elisabeth's Haltung? Wenn Horn (Bd. III, S. 144) in diesem Nachruf eine Aehnlichkeit mit dem Nachruf am Schlusse der Anna-Scene erblickt (ein „nachwitzeln", wie er sich ausdrückt), so weiss man nicht, was man von solcher Verkehrtheit sagen soll. Giebt es einen krasseren Gegensatz als jener langathmige, die Bethörte und sich selbst verspottende Monolog am Schlusse der Anna-Scene und dieser kurz hingeworfene, nicht Triumph, sondern Aerger und Missstimmung verrathende Nachruf an Elisabeth? Richard

---

[1]) Nach Holinshed (p. 742) hatten Elisabeth und die Gräfin Richmond schon gleich zum Beginn, gleichsam als Grundlage der Verschwörung gegen Richard, die Heirath ihrer Kinder fest verabredet; hier kommt auch bereits jener Sir Christopher Urswik vor, der im Drama erst später (A. IV, Sc. 5) Stanley's Botschaft an Richmond übernimmt. Dass Shakespeare überhaupt von diesen vorhergegangenen, bei Holinshed so ausführlich referirten, Vereinbarungen über die Hand der Tochter Elisabeth's gar keine Notiz nimmt, sondern ihre Zusage erst nach dem Dialog mit Richard an Richmond gelangen lässt, beweist schlagend seine selbstständige, von der Chronik völlig abweichende, Motivirung dieser Handlung.

selbst scheint geheime Zweifel zu hegen, ob er Elisabeth wirklich besiegt habe, oder ob sie ihn betrüge. Geht man nun aber von der Untersuchung der Stellen im Stücke, welche sich unmittelbar auf die behauptete Niederlage Elisabeth's beziehen, zu einer allgemeinen Erörterung der psychologischen Grundlage für die beiden entgegenstehenden Meinungen über, so bieten sich in der durch zwei Dramen hindurchgeführten Charakteristik der Elisabeth eben so viele Anhaltspunkte, als solche bei Anna, die in der Versuchungs-Scene zum erstenmal auftritt, fehlen. Elisabeth ist in der That bei Shakespeare ein vollständig abgeschlossenes Charakterbild, das man nicht etwa künstlich und willkürlich aus zerstreuten Reden, oder aus Holinshed zusammenzulesen braucht. Nun sind zwar unsere Aesthetiker mit einem Urtheil über Elisabeth's „Schwäche, Eitelkeit, persönlichen und mütterlichen Ehrgeiz" bei der Hand, welches sich mit ihrer schliesslichen Niederlage vor Richard verträgt. Blickt man aber genauer hin, so haben sie diese Charakteristik rückschliessend aus der vermeintlichen Niederlage abgeleitet; der Schatten dieser schändlichen Verleugnung des Muttergefühls ward rückwärts über die ganze Gestalt geworfen, und hinderte jede unbefangene Auffassung ihres früher entwickelten Charakters. Es ist ein viciöser Zirkel, in dem sich die Schule bewegt: weil Elisabeth eitel und schwach ist, war sie jener Nachgiebigkeit fähig, und weil sie so nachgiebig war, muss sie eitel und schwach gewesen sein. Wer aber im Stande ist, von seiner vorgefassten Meinung über ihr Eingehen auf Richard's Werbung zu abstrahiren, dem möchte es in der That schwer werden, in dem vorher so scharf gezeichneten Charakterbild von jenen Schwächen der Eitelkeit und des Ehrgeizes irgend etwas zu entdecken, die Richard als Stützpunkt für seinen Sieg benutzt haben soll. Die Ueberredung Elisabeth's konnte psychologisch nur auf zwei Motiven aufgebaut werden, von denen Richard auch ausgeht: auf der Unterstellung persönlichen Ehrgeizes und auf ihrer Liebe zu ihren Kindern, oder ihrem „mütterlichen Ehrgeiz", wie Gervinus sagt. Allein findet sich in der Shakespeare'schen Elisabeth (die historische, das halte man immer im Auge, geht uns nichts an) auch nur eine Spur von solchem sträflichen Ehrgeiz? hat sie Eduard und den Thron gesucht? beneidet oder bedauert sie Anna, als diese den Thron besteigt, der ihrem Sohn gebührte? fühlt sie sich glücklich oder unglücklich auf Englands Thron? Und ist es psychologisch denkbar, dass eine Mutter aus Liebe zu ihren Kindern die Tochter dem Mörder ihrer Söhne überliefern kann, eine Mutter insbesondere, die ihrer

Liebe zu den Söhnen so rührenden Ausdruck gegeben, der die Söhne vor Allem an's Herz gewachsen sind, während von den Töchtern bis dahin nie die Rede war? Hätte uns Shakespeare eine ehrgeizige, gewissen- und herzlose Frau statt der feinorganisirten Elisabeth hingestellt, der Vorgang im Drama wäre dann, wenn auch gleich widerwärtig, doch wenigstens psychologisch möglich erschienen. Allein dass wirkliche, ächte Mutterliebe jemals einen solchen scheusslichen Handel eingehen, das Blut der gemordeten Söhne gegen eine äusserlich glänzende Stellung ihrer Tochter in die Waagschale legen könne, dies für möglich zu halten, heisst den Glauben an das Göttliche im Menschen mit der letzten Wurzel ausreissen. Hätte Shakespeare wirklich, wie unsre Aesthetiker wollen, einen solchen Vorgang dramatisch schildern und motiviren wollen, es wäre eine Geschmacks- und Gefühls-Verirrung, gegen welche sich selbst die widerwärtigen Scheusslichkeiten im Titus Andronicus schön und gemässigt ausnehmen würden. Ich begreife nicht, wie unsre Aesthetiker, den einzigen Kreyssig etwa ausgenommen, die Niederlage der Elisabeth unterstellen und doch damit zurückhalten, die Schale ihres heiligsten Zorns über den Dichter solcher Scheusslichkeiten auszugiessen; hier hätte ein Rümelin wirklich Ursache über Blindheit für Shakespeare's Fehler zu eifern.

Und welches Glück war es in Elisabeth's Augen, das die Tochter erwartete? Jenes Glück, das ihr Anna, die eben gemordete erste Gemahlin Richard's, so rührend (A. IV, Sc. 1) geschildert hatte:

> Denn niemals Eine Stund' in seinem Bett
> Genoss ich noch den goldnen Thau des Schlafes.

Das zarte Mitgefühl, welches Elisabeth ihr ausspricht, als sie zur Krönung geführt wird:

> Geh', arme Seel', ich neide nicht dein Glück,

ist der deutlichste Ausdruck ihrer Vorstellungen von dem Glück einer Gattin Richard's, zugleich der wahrhaftigste Ausdruck, dass in Elisabeth's Augen der Besitz der Krone das häusliche Unglück nicht compensirt. Anders kann sie logisch also auch nicht von dem für ihre Tochter zu hoffendem Glück denken, selbst wenn die blutigen Schatten der gemordeten Söhne nicht noch dazwischen getreten wären. Wo ist also nach irgend einer Richtung in der von Shakespeare geschilderten Elisabeth der Boden vorbereitet, auf dem Richard's Lockung so rasch und so tief Wurzel schlagen konnte, dass sie keinen Anstand nahm, das heiligste Gefühl, das in der

Menschenbrust lebt, die Mutterliebe, zu schänden? Konnte Shakespeare die wunderbar ergreifenden Abschiedsworte an die ihre Söhne einschliessenden Gefängnissmauern einer frivolen Schauspielerin in den Mund legen, die bald darauf mit dem Blut dieser Söhne Handel treibt? Hier hört das Gebiet der weiblichen Schwäche auf. Dies ist nicht mehr die Sphäre, in der Anna besiegt wurde. Die Nachgiebigkeit Elisabeth's wäre ein Verbrechen gewesen, das den Mordthaten Richard's fast den Rang abgelaufen hätte.

Auch eines wichtigen Umstandes vergesse man nicht, dass nach damaligen Ansichten und wie die Chronik ausdrücklich hervorhebt, die Heirath des Onkels mit der Nichte ungesetzlich war und der Blutschande gleichgeachtet wurde.¹) Auch über diese, dem weiblichen Gefühl fast unübersteigliche Schranke soll sich also Elisabeth hinausgesetzt haben, obgleich sie in dem Dialog ausdrücklich darauf hindeutet.

Wie könnten aber gar die „Gründe des Gemeinwohls" über das empörte Mutterherz den Sieg davongetragen haben? Konnte sie, die klarsehende Frau, in der Befestigung der Dynastie Richard's ein Glück für England erblicken? Und hatte sie nicht bereits die gegentheilige Ansicht documentirt, indem sie sofort, nachdem Richard sich der Krone bemächtigt (A. IV, Sc. 1), ihren geliebten Sohn Dorset zu Richmond, dem Todfeind Richard's, sandte? So fasste Elisabeth das Gemeinwohl Englands auf; die darauf zielenden Gründe Richard's, denen Rötscher, Gervinus u. s. w. so viel Gewicht beilegen, fanden also gar keinen Boden bei ihr.

Es bleibt also, wie ich behaupte, als Motiv für die veränderte Haltung der Elisabeth nur Furcht vor der nackten Drohung Richard's übrig; dieser weicht sie durch den Schein der Nachgiebigkeit, nicht seinen sonstigen Gründen.

Der ethisch-ästhetischen Motivirung meiner Ansicht kommen übrigens noch gewichtige, der Architektur dieses Dramas entnommene Gründe zu Hülfe. Sie betreffen einmal die Stelle, wo diese Scene im Drama steht und dann ihre offenbaren Beziehungen zur Anna-Scene.

Der überall scharf hervortretende Umschlag in der Haltung, wie in den Erfolgen Richard's datirt von der grossen Peripetie-Scene (A. IV, Sc. 2), dem Höhepunkt seiner Erfolge und seiner Ver-

---

¹) Es ist dies der Geschichte zufolge auch einer der wichtigsten Einwände gewesen, die Richard's eigne Anhänger gegen die projectirte Verbindung mit der jungen Elisabeth geltend gemacht haben sollen.

brechen. Wie ihm bis dahin Alles gelang, wie er fast die alleinige treibende Kraft war, so geht es jetzt mit ihm bergab; das Verhängniss hat ihn erfasst, nichts gelingt ihm mehr. Welch' ein krasser Fehler gegen alle Grundgesetze dramatischer Entwickelung würde es nun sein, mitten in die rasch abfallende, der unvermeidlichen Katastrophe entgegen eilende Handlung eine solche aufwärts steigende Bewegung einzuschalten, den erst eben in derselben Scene mit dem furchtbarsten Mutterfluch belasteten Sünder den grössten moralischen Sieg erfechten zu lassen! Und zwar ohne jeden Zweck für die thatsächliche Fortentwickelung der Handlung, da sich aus dem moralischen Sieg doch keine für ihn günstigen Thatsachen entwickeln; die Schändung des Gefühls der Mutterliebe und eines, bis dahin vom Dichter durch alle wechselvollen Lagen des Lebens, rein und hoch gestellten Charakters bliebe in der That der einzige frivole Zweck der Scene.

Wenn die Niederlage Buckingham's die abwärts steigende Handlung etwas aufhält, so ist es damit etwas ganz anderes; nicht Richard, sondern die Elemente besiegen ihn und sein Untergang, wenn auch für einen kurzen Moment zu Richard's Vortheil, ist für die Befriedigung unseres gegen Buckingham empörten Gefühls nothwendig. Richard III. ist vielleicht das grösste architektonische Meisterstück Shakespeare's, der die ewigen Gesetze dramatischer Wirkung nicht studirt haben mochte, aber mit der Intuition des Genies darnach handelte. Ist es denkbar, dass ein im Uebrigen so harmonischer Bau durch diesen einen unorganischen Auswuchs gestört sein sollte? Je richtiger Shakespeare der Anna-Scene, worin Richard Sieger bleibt, ihre Stelle gleich im Anfang der aufsteigenden Handlung angewiesen hat, um so bestimmter dürfen wir annehmen, dass die Elisabeth-Scene an der entgegengesetzten Stelle, wo sie im Drama steht, auch nur eine Station der abwärts steigenden Handlung bedeuten soll, die moralische Niederlage im Gegensatz zu jenem moralischen Sieg.

Ich behaupte also, dass die Elisabeth-Scene ihrem Ausgang nach nicht, wie man sie bisher ansah, die Parallele, sondern die Antithese der Anna-Scene ist. Es wäre doch ein Beispiel grenzenloser Ungeschicklichkeit hinter einander zwei Werbungen derselben Person in Scene zu setzen, beide von Doppelmorden der nächsten Angehörigen ausgehend, beide mit gleichem Triumph schliessend. Als Gegensätze wirken dagegen beide Scenen ausserordentlich. Die Elisabeth-Scene ist gleichsam die Sühne des Dichters für die bereits aus den Grenzen des Aesthetischen herausdrängende Anna-

Scene. Der Dichter hat in Elisabeth nicht die Schwächen der Anna bis zum Verbrechen erweitern, das Weib überhaupt als durch geschickte Ueberredung zu jeder Verleugnung der heiligsten Gefühle fähig darstellen, — er hat umgekehrt die Grenzen zeichnen wollen, wie weit der Teufel Macht hat über ein Frauenherz, und wo diese aufhört. Der Riss in die Natur soll nicht in's Unendliche klaffen; bei der Mutterliebe macht er Halt.

Wie ich hiernach für meine Ansicht gute Gründe beigebracht zu haben glaube, so denke ich auch einige Aufklärungen geben zu können, wie sich die gegnerische Meinung so allgemein festsetzen konnte.

Zunächst bin ich überzeugt, dass die von Buck, Walpole und späteren Schriftstellern unternommenen historischen Forschungen über Richard III. nicht ohne Einfluss auf die heutigen ästhetischen Anschauungen über das Drama geblieben sind. Diese Schriftsteller wollen beweisen, zugleich um Richard als unschuldig an der Ermordung der Söhne Eduard's darzustellen, dass nicht bloss Elisabeth, sondern ihre Tochter selbst für die Heirath mit Richard gewonnen worden seien, letztere sogar schon bei Lebzeiten der ersten Frau Richard's.[1]) Der *Croyland Continuator* (Shakespeare kannte denselben nicht) hatte für letztere Ansicht schon die vielerwähnte Anecdote von den gleichen Anzügen, mit denen die Tochter Elisabeth's und die Königin Anna bei Hofe erschienen seien, geliefert, erwähnt jedoch durchaus nichts von einem Einverständniss der Mutter, welches überhaupt nur auf Muthmassungen späterer Historiker, nirgendwo auf geschichtlich beglaubigten Mittheilungen beruht. So wenig es nun in der Beurtheilung Shakespeare'scher Charakterbilder auf die geschichtlichen Forschungen späteren Datums und die historischen Anschauungen späterer Zeiten ankommen kann, so erscheint es mir doch unzweifelhaft, dass viele unserer ästhetischen Kritiker sich durch die geschichtliche Elisabeth beeinflussen liessen und ihre Anschauungen von jenem für die Beurtheilung des Dramas vollkommen irrelevanten Gebiete auf den von Shakespeare gezeichneten Charakter übertrugen. Hierin erblicke

---

[1]) Diese, auch von Lingard getheilten Ansichten gründen sich hauptsächlich auf einen von Buck veröffentlichten, an den Herzog von Norfolk gerichteten, Brief der jungen Elisabeth über ihre Sehnsucht, Richard zu heirathen und ihre Furcht, dass Anna noch länger leben möchte, als man angenommen hatte. Courtenay und viele Andere zweifeln wohl mit vollem Recht an der Authenticität dieses Briefes.

ich den ersten Anhalt für die Entstehungsgeschichte jener, meiner Ueberzeugung nach falschen, Auffassung der Elisabeth-Scene. Den hauptsächlichsten Grund finde ich aber in einer unrichtigen Auffassung, oder vielmehr oberflächlichen Untersuchung der Holinshed'schen Chronik, die man allerdings so oft als Wegweiser durch dunkle Stellen der Shakespeare'schen Historien benutzen muss, schon weil die Charakteristik der Nebenpersonen häufig aus den vereinzelten Dialogen nicht zu erkennen ist. Wie Courtenay und nach ihm Gervinus, neuerdings auch noch Dingelstedt[1]) u. A. geradezu aussprechen und die übrigen Kritiker stillschweigend voraussetzen, soll nämlich die Einwilligung der Elisabeth zur Verbindung ihrer Tochter mit Richard der Chronik entnommen sein; wäre diese Voraussetzung richtig, so möchte sie allerdings (da Shakespeare sich von ihr mitunter über die Grenzen des dramatisch und ästhetisch zu Rechtfertigenden führen lässt) schwerer zu Gunsten der hergebrachten Ansicht wiegen, als alle meine aus dem Stück selbst entwickelten Gründe. Sie ist aber falsch; Courtenay's positive Angaben insbesondere, die ich bereits oben citirte, sind unrichtig. Die Wahrheit ist, dass nach Holinshed ein solches Gespräch Richard's mit Elisabeth, die sich nach der Chronik fortwährend in der Freistatt Westminster befand (von wo aus sie die Hand ihrer Tochter bereits längst dem Richmond zugesagt hatte), überhaupt gar nicht stattfand.

Die Chronik sagt, dass Richard schon bei Anna's Lebzeiten heimlich das Project gefasst habe, seine Nichte zu heirathen, um Richmond's Pläne zu durchkreuzen. Um die Durchführung dieses Projectes vorzubereiten, habe er Sendboten *(being men both of wit and grauitie*, wie Holinshed p. 750 sagt) an die Königin geschickt, um sie durch Entschuldigungen und Versprechungen dahin zu bringen, ihre fünf Töchter an den Hof zurückkehren zu lassen. Aus Schwäche und Furcht habe sie hierin nachgegeben, auch ihren Sohn Dorset von Richmond zurückgerufen, wofür sie der Chronist bitter tadelt. Aber er erwähnt nicht bloss ausdrücklich, dass Elisabeth von der dahinter liegenden Absicht Richard's auf die Hand ihrer Tochter durchaus nichts wusste *(which* [Elisabeth] *knew nothing lesse than that he* [Richard] *most intended)*, sondern konnte dies auch nicht anders sein, da die Vorgänge bei Lebzeiten der ersten Gemahlin Richard's, Anna, stattfanden. Nachdem Anna gestorben, fährt der Chronist fort, begann Richard bei der Tochter Elisabeth's (von der Mutter ist kein Wort

---

[1]) Note 13, S. 127 der Bühnenbearbeitung Richard's III.

erwähnt zu werden, jedoch alle Welt, und am meisten die Tochter selbst, verabscheuten diese ungesetzliche und unnatürliche Verbindung.[1])

Das ist der wahre Inhalt von Holinshed's Chronik, den Courtenay somit falsch wiedergiebt; auch seine specielle Erwähnung des More als Quelle Holinshed's für diesen Abschnitt der Chronik ist falsch, da More's Geschichte Richard's längst vorher (in dem Gespräch zwischen Buckingham und Bischof Morton) abbricht und die Chronik von da ab der Grafton'schen Fortführung von More's Arbeit folgt. Auch in späteren Abschnitten der Chronik findet sich nirgend eine Anspielung, dass Elisabeth um das Heirathsproject ihrer Tochter gewusst, oder dasselbe gar gebilligt habe; der Tadel des Chronisten trifft nur ihre Schwäche, die Rückkehr ihrer fünf Töchter an Richard's Hof gestattet zu haben, und auch dabei fügt er noch als Entschuldigung ihrer Schwäche den Willen des Tyrannen an, in dessen Händen sie war. Jene Stellen in Holinshed können für Shakespeare nur eine äussere Anregung für die Elisabeth-Scene gegeben haben, mehr aber gewiss nicht. Denn zwischen einer durch dritte Personen vermittelten Ueberredung, die Töchter an den Hof zurückkehren zu lassen, und einer direct geführten Ueberredung behufs Einwilligung in die Heirath mit der ältesten Tochter, ist doch in der That ein unermesslicher Unterschied. Ueberhaupt ist Shakespeare in der Charakteristik der Hauptpersonen bekanntlich so selbstständig, dass er sich durch Holinshed's hier zum erstenmal vorkommenden Tadel über Elisabeth's Schwäche von der Durchführung ihres, bis dahin trefflichen und edlen Charakters gewiss nicht ablenken liess.

Es leidet somit wohl keinen Zweifel, namentlich da Courtenay, Gervinus, Dingelstedt und Andere ausdrücklich der Nachgiebigkeit der Elisabeth, bezüglich des Heirathsprojects, als durch die Chronik constatirt gedenken, dass ein zu wenig gründliches Studium der Quelle Shakespeare's, oder ein zu grosses Vertrauen in die Richtigkeit der Courtenay'schen Angaben, wesentlichen Einfluss auf die herrschend gewordene Ansicht über die Elisabeth-Scene gehabt haben.

Ich habe mich übrigens schliesslich bemüht, aus vor- und nachshakespeare'schen Schriftstellern weiteres Material zur Aufklärung dieser Controverse herbeizuschaffen, von der Ansicht ausgehend,

---

[1]) Holinshed p. 751: *All men and the maiden hirself most of all detested and abhorred this unlawful and in maner unnaturall copulation.*

dass der Inhalt älterer Werke auf Shakespeare bei Abfassung seines Dramas möglicherweise einwirken konnte, und dass wir aus späteren Werken vielleicht die Auffassung der damaligen Zeit deutlicher zu erkennen vermöchten.

Von den Werken vor Shakespeare kommt hier zunächst das 1579 von den Studenten in Cambridge aufgeführte, von Thomas Legge verfasste lateinische Drama *Richardus Tertius* in Betracht. Hier wirbt Richard, ganz den Andeutungen bei Holinshed entsprechend, direct bei Elisabeth's Tochter um ihre Hand (der Mutter wird dabei gar nicht gedacht), und diese weist ihn gebührend ab.

Dagegen muss ich, um neben Allem, was für meine Ansicht spricht, auch dasjenige Material nicht zu unterdrücken, worauf sich die bisher gangbare Ansicht berufen könnte (es ist dies allerdings niemals speciell geschehen), das alte, oben bereits erwähnte, von einem Unbekannten verfasste Trauerspiel: *The True Tragedy of Richard the Third*, anführen, welches 1594, also 3 Jahre vor der ersten Quartausgabe des Shakespeare'schen Richard III., und etwa um die Zeit der ersten Aufführung desselben, veröffentlicht wurde und worin allerdings vorkommt, dass Richard, wenn er auch nicht selbst wirbt, doch den Lord Lovel an Königin Elisabeth sendet, um ihre Einwilligung zur Verbindung mit ihrer Tochter zu erwirken, die, wie wir an einer früheren Stelle im Stück hören, bereits von ihr dem Richmond zugesagt war. Die bezügliche Stelle lautet wörtlich:

King. *How now Louell, what newes?*
What saith the mother Queene to my sute?
Lou. *My Lord, very strange she was at the first,*
But when I had told her the cause, she gaue concent:
Desiring your maiestie to make the nobilitie priuie to it.

Hiernach giebt allerdings Elisabeth dem Unterhändler ihre Einwilligung. Nach der Schlacht bei Bosworth tritt sie dann im Stück wieder auf, um ihre Tochter persönlich an Richmond zu übergeben, ohne dass über ihre wiederholten Sinnesänderungen ein Wort verloren würde.

So wenig ich auf den *Richardus Tertius* für Bestätigung meiner Ansicht recurrire, so wenig kann die gegnerische Ansicht aus dieser Stelle in der „True Tragedy" etwas Weiteres ableiten, als dass ein unbekannter vor-shakespearescher Schriftsteller in einem ganz erbärmlichen Machwerk, wie es dies Drama ist, die Einwilligung der

Elisabeth in die Vermählung ihrer Tochter mit Richard erfunden und derselben mit einigen Zeilen erwähnt hat. Ob Shakespeare dasselbe überhaupt gekannt hat, wie Lloyd glaubt, ist sehr zu bezweifeln und keinenfalls zu erweisen; denn vereinzelte Anklänge in Inhalt oder Form ergaben sich von selbst aus der Benutzung gleicher Geschichtsquellen.[1]) Hätte Shakespeare dasselbe aber auch gekannt, er würde gewiss eher jeden andern Zug daraus entlehnt haben, als die Feuerprobe eines von ihm mit so grosser Liebe und Sorgfalt entwickelten Charakters.

Ausser dieser Thatsache, dass die bekämpfte Ansicht schon einmal von einem obscuren Schriftsteller ausgesprochen worden, dürfte sich nicht nachweisen lassen, dass zu Shakespeare's Zeiten Geschichte oder Tradition dieselbe irgendwo adoptirt gehabt hätten. Und wie sollte Shakespeare, der doch nicht bloss alle Rücksichten auf die Gunst des Hofes zu nehmen hatte, sondern sich selbst von dem Fehler der Schmeichelei nicht ganz frei gehalten hat, wie sollte er dazu kommen, die Urgrossmutter seiner Königin, über Geschichte und Tradition hinaus, in einem solchen scheusslichen Lichte erscheinen zu lassen?

Gehen wir nun zur Durchforschung der nach-shakespeareschen Schriftsteller über, so findet sich allerdings die anscheinend gleiche Auffassung, wie in der „*True Tragedy*", in einem 1614 veröffentlichten Gedicht: „*The Ghost of Richard the Third*" wieder, welches dem Titel zufolge „mehr von ihm enthalten soll, als bisher in Chroniken, Dramen oder Gedichten dargestellt worden." Der Verfasser, der sich bloss mit Anfangsbuchstaben nennt, war vermuthlich Christopher Brooke. Offen gestanden finde ich dieses Gedicht, worin Richard sich bereits als Embryo in der ersten Person aufführt, nicht so interessant als Gervinus; es ist eine bombastische Häufung

---

[1]) Collier sagt von der Beziehung dieses alten Stücks zu Shakespeare's Richard III.: *We cannot trace any resemblances but such as were probably purely accidental, and are merely trivial.* — Halliwell, in der Einleitung zu Richard III., sagt: *With the possible exception of one line, where the King calls for „a horse, a horse, a fresh horse"* there does not appear to be grounds for supposing that he derived a single hint from his predecessor.* Es wäre aber umsomehr eine gezwungene Annahme, Shakespeare's: *a horse, a horse, my kingdom for a horse*, hieraus herleiten zu wollen, als ganz ähnliche Ausrufungen in gleichzeitigen, oder älteren Stücken vorkommen, z. B. in der 1594 im gleichen Jahr mit der *True Tragedy* veröffentlichten *Battle of Alcazar: a horse, a horse, villain a horse!* Somit zerfällt jeder Beweis, dass Shakespeare das alte Drama gekannt, oder doch benutzt habe.

von Selbstanklagen, die durch die gewählte Form der Selbstgeständnisse von Richard's Geist, die, wie bei Tristram Shandy, mit seiner Conception beginnen, weder zu epischer noch lyrischer Wirkung aufsteigen können. In diesem Gedicht findet sich über Richard und Elisabeth folgende Strophe, nachdem eine vorhergehende der Verführung Anna's gewidmet worden ist:

For further proofe my sister queene I chose,
Professing truth to her, t'her daughter, love;
Insinuating with such artfull gloze,
As if the god of eloquence should move;
And notwithstanding all the banefull woes
She had sustain'd by me, I made her prove
My loves attourney furthering my sute
T'astonish wonder and strike rumor mute.

Wir finden also allerdings in diesem, 17 Jahre nach Shakespeare's Richard veröffentlichten Gedicht die heutige Auffassung unsrer Aesthetiker wieder. Allein hieraus unmittelbar auf die in jener Zeit gangbare Auffassung der Shakespeare'schen Elisabeth-Scene schliessen zu wollen, wäre mehr als gewagt. Denn einmal spricht Richard in dem Gedicht von sich selbst, und er selbst glaubt ja auch bei Shakespeare (wenn auch vielleicht mit geheimen Zweifeln) die Elisabeth überredet zu haben, konnte sich also nur in diesem Sinn äussern. Dann aber ist es höchst fraglich, auf welches der vielen Dramen über den gleichen Gegenstand, die damals von den verschiedenen Schauspielergesellschaften aufgeführt wurden, das Gedicht sich hauptsächlich stützt. Collier's Annahme nämlich, dass Brooke vor Allem aus Shakespeare geschöpft habe, scheint mir nicht über jeden Zweifel erhaben und der Stellen, in welchen er eine wirklich schlagende Uebereinstimmung einzelner Worte und Phrasen nachweisen kann, sind so wenige, der ganze Gang der Erzählung ist so vollständig anders gruppirt, dass ich beinahe das Gegentheil daraus folgern möchte. Meiner Ansicht nach hat Brooke als Hauptleitfaden für sein Gedicht überhaupt keines der Dramen, sondern Hall's oder Holinshed's Chronik festgehalten. Einzelne Züge, wie z. B. der mit Elisabeth, kann er aber ebenso gut der obenerwähnten Stelle in der *True Tragedy*, als Shakespeare oder andern Autoren entlehnt haben. Ja, es ist nicht undenkbar, dass das Gedicht mit dem verloren gegangenen *Richard Crook-back* von Ben Jonson einen nähern Zusammenhang gehabt hat.[1]

---

[1] Collier in seiner Vorrede zu dem 1844 veranstalteten *Reprint* des

Welche Bedeutung man aber auch der citirten Strophe Brooke's beilegen möge, so hoffe ich schliesslich noch einen Beweis für die

---

„*Ghost of Richard*" deutet die beiden ersten Strophen in der zweiten Abtheilung des Gedichts, welche von einem Dichter sprechen:

That writ my storie on the Muse's hill,
And with my actions dignified his pen,

ohne Weiteres auf Shakespeare, wie dies auch Gervinus' und Delius' Ansicht ist. Wenn ich für möglich halte, dass sie auf Ben Jonson gehen, dessen *Richard Crook-back*, der Annahme nach, im Jahre 1602 (also 5 Jahre nach dem Druck und wahrscheinlich 7 bis 9 Jahre nach der ersten Aufführung von Shakespeare's Richard III.) verfasst ward, so leitet mich dabei hauptsächlich Brooke's Freundschaftsverhältniss zu Ben Jonson. Wie hätte Letzterer dazu kommen sollen, die dem „*Ghost of Richard*" vorgedruckten schmeichlerischen Lobeserhebungen „*to his friend the author*" niederzuschreiben und veröffentlichen zu lassen, wenn Brooke's Gedicht auf das Werk von Ben Jonson's mächtigstem Rivalen, Shakespeare, gegründet, wenn die erwähnte schmeichelhafte Apostrophe im Gedicht auf diesen und nicht auf Ben Jonson selbs ging? Ich glaube, es hätte dies den Recensentengewohnheiten nicht bloss unsrer, sondern auch jener Zeiten schnurstracks widersprochen. Ben Jonson besang zwar auch Shakespeare, aber erst nach dessen Tode.

Ausser dem bloss für Gelehrtenkreise bestimmten *Richardus Tertius* von Legge wurden also in jener Zeit gleichzeitig mit Shakespeare's Richard III. aufgeführt: die 1594 veröffentlichte *True Tragedy* und der 1602 verfasste *Richard Crook-back* von Ben Jonson; ferner führte die Henslowe'sche Gesellschaft, schon ehe sie sich das Stück von Ben Jonson schreiben liess, einen Richard III. auf, und es steht mit Sicherheit zu vermuthen, dass überhaupt keine Schauspielergesellschaft von irgend einer Bedeutung zu jener Zeit existirt haben wird, die nicht jenes überaus populäre Thema dramatisch misshandelte. Ausser diesen Dramen existirte aber eine vielleicht noch grössere Zahl von Gedichten ähnlichen Schlages, wie Brooke's *Ghost of Richard*, so die 1610 von Niccols in seiner „*Winter Night's Vision*" publicirten Gedichte: *The lamentable Lives and Deaths of the two young Princes Edward the Fifth and his brother Richard, Duke of York*, und: *The tragical Life and Death of King Richard the Third*. Collier macht speciell darauf aufmerksam, dass Niccols in letzterem Gedicht nicht die entfernteste Anspielung auf Shakespeare's gleichnamiges Drama macht, noch sich an dasselbe anlehnt. Man muss überhaupt von unserer heutigen Begeisterung für Shakespeare, gegen die wir seine damaligen Rivalen als Pygmäen betrachten, vollständig abstrahiren, wenn man die dichterischen Anspielungen jener Zeit richtig deuten will. Seine Rivalen hatten ebenso ihr Publikum und ihre Verehrer, und mit überschwänglichen Redensarten des Lobes und der Bewunderung geizten die damaligen Dichter, auch kleineren Grössen gegenüber, nicht. — Wer kann nach dem Allen mit Bestimmtheit sagen, woher Brooke die in Rede stehende Stelle seines „*Ghost of Richard*" entnommen, und wen er mit jenen Anspielungen gemeint hat?

Bei dieser Gelegenheit bemerke ich übrigens, wie es nach Delius' (mir

Richtigkeit meiner Auffassung führen zu können, der auf directerem Wege einiges Licht über die Shakespeare'sche Auffassung dieser Scene verbreitet, nämlich die englische Bühnen-Tradition. So schwierig dieser Beweis bei vielen Stücken sein möchte, so lässt er sich bezüglich des hier vorliegenden Drama's vielleicht correcter führen, als bei irgend einem andern. Ich bin zunächst mit Fontane (siehe dessen Berichte über das englische Theater in den fünfziger Jahren) entschieden der Ansicht, dass ein absoluter Bruch in der Shakespeare'schen Bühnen-Tradition niemals stattgefunden hat, am wenigsten aber schon im siebenzehnten Jahrhundert, dessen erstes Decennium die englische Volks-Bühne noch im höchsten Glanze unter des Meisters eigener Leitung sah. Dass die wenigen Jahre von 1642, streng genommen erst von 1647 [1]) bis 1656, in welchen die Puritaner die Bühnen schlossen, auf die traditionelle Auffassung von Stücken, die so unendlich tief in's Volk gedrungen waren, irgend Einfluss üben konnten, ist sicherlich nicht anzunehmen; es werden sogar im Wesentlichen dieselben Schauspieler gewesen sein, die Shakespeare's Vorstellungen wieder aufnahmen, als das Verbot aufhörte. Mochte der Hof sich dem französischen Schauspiel zuneigen, im Volke lebten die Meisterwerke Shakespeare's, deren bei weitem populärstes Richard III. war, fort. Dies beweisen u. A. die beiden für damalige Zeit so kostbaren dritten und vierten Folio-Ausgaben von 1663 und 1685; ohne die fortdauernde grosse Popularität von Shakespeare's Dramen waren solche Unternehmungen unmöglich. In jener Zeit nun drängten allmälig die modernen Anschauungen, das Aufkommen des Decorationswesens (was einen grösseren Einfluss auf die Structur eines Dramas hat, als der Uneingeweihte ahnt), auch die Fortschritte der Sprache, auf eine vom ursprünglichen Text abweichende Bühnenbearbeitung der Shakespeare'schen Dramen. Eine solche ward nun für Richard III. von dem Schau-

---

privatim mitgetheilter) Ansicht immerhin nicht als positiv feststehend betrachtet werden darf, dass Ben Jonson den *Richard Crook-back*, auf den er von Henslowe 10 Pfd. Sterl. Vorschuss erhielt, wirklich beendigt und zur Aufführung gebracht habe, wie dies im Allgemeinen unterstellt wird.

[1]) Das Verbot von 1642 ward vielfach überschritten, so dass erst die Parlamentsacte vom 11. Februar 1647 als der Beginn der wirklichen Unterdrückung der Schauspiele durch die Puritaner zu betrachten ist. Auch dann kamen in den Grafschaften noch vielfache Zuwiderhandlungen vor. In jenem Acte werden die Schauspieler für „*Rogues*" erklärt und mit öffentlicher Auspeitschung bedroht. Siehe Collier's *Annals of the Stage* II, p. 114.

spieler und Bühnendichter Colley Cibber[1]) vorgenommen, der selbst in der Rolle des Richard glänzte. Die Shakespeare-Kritiker des vorigen Jahrhunderts, Steevens u. s. w., waren voll Lobes über diese Bearbeitung, während schon Hazlitt[2]) dieselbe als ein *patchwork*, als „*a disgrace to the English stage*" bezeichnet, so auch Lloyd, Halliwell und Andere. Es ist in der That ein trauriges Zeichen für den Zustand der englischen Bühne und Bühnenkritik, wenn man erfährt, dass dieses fast 200 Jahr alte Cibber'sche Machwerk noch heute fast unverändert auf allen englischen Shakespeare-Bühnen dem Publikum vorgeführt wird. David Garrick, Henderson, John Kemble, Frederick Cooke, Edmund Kean, Macready adoptirten nacheinander die Cibber'sche Bearbeitung, und als Charles Kean in unseren Zeiten, in seinen bekannten Revivals, dieses Drama wieder neu in Scene setzte, entschloss er sich ebenfalls, abweichend von seinen sonstigen Grundsätzen in Adaptirung Shakespeare'scher Stücke, den Richard III. nach Cibber zu geben.[3]) Man darf hiernach sagen, dass das englische Theaterpublikum vom Ende des siebenzehnten Jahrhunderts ab bis zu unseren Tagen den Richard III. ausschliesslich nur in dieser Bearbeitung kennt. Geschick für scenische Wirkung ist Cibber auch nicht abzusprechen; im Uebrigen ist die Bearbeitung durch Auslassungen wichtiger Rollen und Scenen, Einschaltungen und Willkürlichkeiten aller Art ganz bedeutend entstellt. Zunächst mochte der Umstand, dass Heinrich VI. auf der Bühne nicht mehr zog, Veranlassung geben, das Stück, um es historisch selbstständiger zu gestalten, mit der Beschreibung der Schlacht bei Tewksbury, der Erzählung vom Tode des Prinzen Eduard, und demnächst der Ermordung Heinrich's VI. durch Richard beginnen zu

---

[1]) Colley Cibber trat 1689, also 73 Jahre nach Shakespeare's Tod, zuerst als Schauspieler auf, ward später Schriftsteller und *Poeta laureatus* Georg's II.; er galt für einen der geistreichsten Männer seiner Zeit. Seine Bearbeitung Richard's III. erschien 1700 im Druck, und ward später noch mehrfach aufgelegt.
[2]) Will. Hazlitt, *Characters of Shakespeare's Plays*. London 1817, p. 230.
[3]) In der Vorrede zu seiner Bühnenausgabe dieses Stücks sagt er von der Cibber'schen Bearbeitung, sie sei: *most intimately associated with the traditionary admiration of the public for the renowned and departed actors* (Garrick, Kemble etc.) Er nennt sie ferner: *one of the most admirable and skilful instances of dramatic adaptation ever known*. — Charles Kean verschlechterte übrigens noch die Cibber'sche Bearbeitung, indem er z. B. mit Richard's Fall schliesst und die Schlussrede Richmond's, diesen herrlichen Abschluss der ganzen Dramenreihe, gänzlich weglässt.

lassen. Die Person des Clarence, also auch die Erzählung seines Traums und die Mörderscenen werden ganz weggelassen. Desgleichen fallen die Rollen der Margarethe und Hastings gänzlich aus, sowie einzelne Scenen, die zu den besten gehören. Die Geistererscheinungen im letzten Act sind nur für Richard da, nicht für Richmond, wodurch sich Cibber allerdings eine schwierige Scenirung sehr leicht machte. Unter den Zusätzen figurirt eine heftige Scene Gloster's mit Anna, um ihr durch Nerven-Aufregung schneller aus der Welt zu helfen. Auch treten am Schluss Richmond und Richard zusammen bei Bosworth auf und fordern sich gegenseitig heraus; letzterer wird von ersterem auf der Bühne erschlagen und hält im Fallen noch einen *Dying-speech*. Aus dieser kurzen Beschreibung wird man schon ersehen, wie schwach vom ästhetischen Standpunkt Cibber's Arbeit ist und wie willkürlich sie vielfach mit unserm Dichter umgeht; doch ist ein intuitives Verständniss für den scenischen Effect ebensowenig abzuleugnen.

Wenn ich auf deren Inhalt in der vorliegenden Controverse Gewicht lege, so geschieht dies von einem ganz bestimmten Standpunkt aus. Es tritt einmal bei Cibber nirgends die Neigung hervor, die Shakespeare'sche Charakteristik der einzelnen Personen zu verändern;[1]) er sucht im Gegentheil die Charaktere da, wo der Dichter sich zu kurz ausdrückt, oder Bühnenweisungen fehlen (die für Shakespeare's Gesellschaft selbst entbehrlich waren), nur noch deutlicher in ihrer traditionellen Färbung hervortreten zu lassen. Und zum Andern glaube ich mit Fug und Recht annehmen zu dürfen, dass bei einem so durch und durch populären Stück, wie Richard III., und so wenige Decennien nach Shakespeare's Tod, die Bühnen-Tradition selbst für die untergeordnetsten, geschweige denn für die Hauptrollen irgendwie abgerissen war, dass also Cibber, selbst wenn es in seiner Neigung gelegen hätte, gar nicht daran denken durfte, den Charakter einer der Hauptpersonen, ihr Auftreten in einer der hervorstechendsten Scenen, wesentlich abzuändern,

---

[1]) Charakteristisch hierfür ist seine Behandlung der Anna-Scene. Er hält dieselbe für so unnatürlich, dass er Tressel sagen lässt:

When future Chronicles shall speak of this,
They will be thought Romance not History.

Cibber hat sich also durch seine ästhetische Anschauung wenigstens nicht verleiten lassen, der Handlung selbst Gewalt anzuthun; er fügt gleichsam nur eine *reservatio mentalis* bei.

geschweige denn ganz umzukehren. Ich nehme also allerdings für diese Bühnenbearbeitung aus dem siebenzehnten Jahrhundert, so schwach sie sonst sein mag, einige Bedeutung bezüglich der Charakterzeichnungen in Anspruch, da diese mit höchster Wahrscheinlichkeit unmittelbar aus der von Shakespeare selbst inspirirten Auffassung herausgewachsen sind.

Suchen wir nun hiernach die Elisabeth-Scene bei Cibber auf, so finden wir zuerst, dass er dieselbe mit richtigem Takt nicht gestrichen (wie in Deutschland bis auf Dingelstedt stets geschehen), sondern nur gekürzt hat. Und weiter finden wir, dass Cibber die blosse Mimik nicht für hinreichend gefunden hat, den Ausgang der Scene im Sinne des Dichters ganz klar hervortreten zu lassen. Nachdem Richard seine Drohungen ausgestossen, seinen festen Entschluss der Heirath ausgesprochen hat, lässt Cibber die Elisabeth in einem „*Aside,*" zu den Zuschauern gewendet, sagen:

> *What shall I say? Still to affront his lore,*
> *I fear will but incense him to Revenge;*
> *And to consent, I should abhor myself:*
> *Yet I may seemingly comply, and thus*
> *By sending Richmond Word of his Intent*
> *Shall gain some Time to let my Child escape him.*
> *It shall be so.*

Und dann, sich wieder zu Richard wendend, sagt sie:

> *I have considered Sir, of your important Wishes,*
> *And could I but believe you* u. s. w.

Die Scene schliesst dann mit dem Versprechen, ihm in einigen Tagen Nachricht zu geben.

Der berühmte John Kemble, in seiner Ueberarbeitung Cibber's, behielt dieses *Aside* der Elisabeth nicht bloss bei, sondern er beschäftigte Richard während dessen im Hintergrund der Bühne, indem er ihn mit Ratcliff sprechen liess, damit die Illusion nicht gestört werde und Elisabeth um so deutlicher ihre Absicht, Richard zu täuschen, dem Zuhörer mittheilen könne. Macready, desgleichen Charles Kean für seine Revivals, haben dies genau beibehalten, wie überhaupt alle heutigen englischen *Acting Editions* dieses Dramas. V o n der englischen Bühne und allen ihren berühmten Darstellern und Bearbeitern ältester und neuester Zeit ist also der Charakter der Elisabeth, und insbesondere ihr Verhalten bei Richard's Werbung niemals anders, als vorstehend von mir entwickelt, aufgefasst und dargestellt worden.

Wir sehen also hier die, meiner Ansicht nach unmittelbar bis Shakespeare zurückreichende Bühnen-Tradition im strictesten Gegensatz mit der modernen ästhetischen Auffassung, so dass es mir in der That unerklärlich ist, wie diese Controverse so lange schlafen konnte. Ich glaube zwar, dass auch ohne Cibber's Hülfe[1]) die sonstige Motivirung für Begründung meiner Ansicht genügen würde, immerhin aber wird man diesem Interpreten aus Shakespeare's Jahrhundert nicht alle Bedeutung absprechen wollen.

Gewiss soll man sich, ganz im Geiste Rümelin's, misstrauisch dagegen verhalten, wenn Jemand Shakespeare verbessern, seine eignen ästhetischen Anschauungen in ihn hinein tragen will. Allein kann in Abrede gestellt werden, dass die bisherige Auffassung jener Scene mindestens höchst problematisch ist, dass sie gegen die Meisterschaft Shakespeare's im Zeichnen von Charakteren und im Bau von Dramen den unbegreiflichsten Gegensatz bildet? Soll man nicht, wenn die Gründe gut und natürlich sind, mit Freuden unsern Dichter von der grössten Verirrung, der frivolen Schändung der Mutterliebe freisprechen, einer Verirrung, wie er sich deren in solchem Grade weder vorher noch nachher je schuldig gemacht?

Und man betrachte den veränderten Anblick des Drama's, wenn jene Scene zu umgekehrter Geltung gelangt. Der unbedingt schwärzeste Punkt des Stücks wird zum hellsten Lichtpunkt; Ethik, Logik, Aesthetik und dramatische Technik werden versöhnt; der anscheinend unheilbare Riss wird zum Schlussstein des Gewölbes und aus einer Figur von verbrecherischer Schwäche, oder mindestens peinlicher Unbestimmtheit, entwickelt sich ein hellleuchtendes Charakterbild, das weithin sein Licht über das düstere Gemälde verbreitet. Die Mutterliebe wird nicht frivol in den Staub getreten, sondern sie geht aus der gefährlichsten Versuchung triumphirend hervor.

Mit dieser veränderten Auffassung von Elisabeth's Charakter treten überhaupt die Frauengestalten dieses Dramas in ein anderes Licht. Unsre Aesthetiker (siehe z. B. Kreyssig, I. 397) haben sogar die Pathologie zu Hülfe gerufen, um die vermeintlichen Verirrungen Shakespeare's in Zeichnung der Frauengestalten in Richard III. und den frühern Dramen zu erklären. Wie seine Sonette,

---

[1]) Ich habe Cibber's Bühnenbearbeitung erst kennen gelernt, als Jahre lang die Ueberzeugung von der einzig richtigen Auffassung jener Scene in mir fest stand.

so haben Margarethe, Anna, Elisabeth zu autobiographischen Deutungen herhalten, als Reflexe seines ehelichen Unglücks, seines verbissenen Grolls auf die Frauen, seiner düsteren Lebensanschauung u. s. w. dienen müssen. Ich habe dieser pathologischen Unterstellung nie die mindeste Bedeutung beimessen können, und nebenbei erklärt es sich aus den Bühnenverhältnissen jener Zeit hinlänglich, wie ein Bühnendichter von vorn herein mehr Vorliebe für Zeichnung männlicher als weiblicher Charaktere haben konnte.

Mit der veränderten Auffassung der Elisabeth aber verliert jene Behauptung nicht bloss vollständig allen Boden, sondern schlägt in's Gegentheil um. Anna, die ihre Schwäche so bitter bereut und sühnt, sich im Unglück so edel entwickelt, kann nicht als Krankheitserscheinung des Dichters betrachtet werden. Margaretha, die Furie des Bürgerkrieges, hat mehr die Bedeutung einer symbolischen Figur. Die alte Herzogin von York ist das ergreifende Bild einer, ihr tiefes Leid über den verbrecherischen Sohn und das Unglück ihrer Familie mit Würde tragenden Matrone. Und Elisabeth endlich bedarf der pathologischen Erklärungen am allerwenigsten; sie ist umgekehrt von allen Frauen, die Shakespeare in seinen Jugendwerken gezeichnet, die feinste und edelste, und eröffnet den Reihen jener hohen Frauengestalten aus des Dichters Glanzperiode, die mit der Imogen abschliessen. Das Drama Richard III. ist also auch in Bezug auf den Reichthum bedeutender weiblicher Charaktere für unsern Dichter epochemachend und ragt in dieser Beziehung namentlich über alle übrigen Historien weit hervor. Und da auch die beiden Söhne Eduard's auf der modernen Bühne durch Damen dargestellt werden, so hat dies Drama eine grössere Zahl bedeutender und dankbarer Frauenrollen aufzuweisen, als irgend ein andres Stück unsres Dichters.

Ich habe die Charakteristik der Elisabeth und ihre Beziehungen zu Richard vielleicht mit zu grosser Breite behandelt; allein sie schien mir für eine richtige Würdigung des ganzen Dramas von zu hervorragender Bedeutung, um nicht des gründlichen Versuches werth zu sein, dieses Meisterwerk von einem, durch falsche Auffassung aufgetragenen, Flecken zu reinigen. Auf der Bühne muss diese bisher so stiefmütterlich behandelte Elisabeth-Rolle dadurch zu einer ganz anderen Geltung gelangen, ja die der Anna weit überragen. Der Schluss der grossen Scene namentlich, wenn sich der Eindruck der Drohung Richard's auf ihren Gesichtszügen malt, wenn sie bei seinem Kuss zusammenschaudert, wenn sie sich im Abgehen dem Zuschauer durch die Miene triumphirender Entschlossenheit als Siegerin in dem gefährlichen Kampfe zu erkennen giebt, kann durch eine gute Darstellerin zu der höchsten Wirkung gesteigert werden.

Die Geschichte eilt ihrem Ende zu. Der mühsam durch Heuchelei und Verbrechen zusammengeleimte Thron Richard's fängt, kaum bestiegen, schon zu wanken an. Kein Heuchler, der nicht von der erniedrigenden Nothwendigkeit des Heuchelns baldmöglichst befreit zu werden wünscht. Richard, der unter der Maske so gut spielte, begeht Fehler auf Fehler, nachdem er sie, als er ihrer nicht länger zu bedürfen glaubte, als sie ihm lästig geworden, abgeworfen hatte. In seiner grenzenlosen Geringschätzung der Menschen hatte er ausser Acht gelassen, dass es eine Grenze im Völker- und Staatsleben giebt, wo der allgemeine Hass mächtiger wird, als die allgemeine Furcht. Erst reizte er Buckingham zum Abfall; dann liess er sich durch Stanley überlisten. Dieser vorsichtige Mann, welcher vor Allem weiss, dass „Reden Silber, Schweigen aber Gold ist, tritt allmälig aus dem Hintergrund hervor, in dem er sich, scharf beobachtend, bis dahin gehalten hatte; das Gegenstück des vertrauensseligen, durch ihn umsonst gewarnten Hastings.[1])

Als dritter Gemahl der Herzogin von Richmond und Stiefvater ihres Sohnes, der bekanntlich Prätendent der Lancastrischen Erbansprüche war, musste er (wie dies schon z. B. A. I, Sc. 3 aus der spitzen Bemerkung der Elisabeth und noch mehr aus Richard's Warnung A. IV, Sc. 2 hervorgeht) der ganzen Familie naturgemäss verdächtig sein. Auch die Chronik (Holinshed p. 746) sagt, Jedermann sei erstaunt gewesen, dass Lord Stanley nicht in Gewahrsam genommen worden.[2]) Durch unendlich kluges und vorsichtiges Be-

---

[1]) Das Material für die Warnung Stanley's an Hastings (A. III, Sc. 2) fand Shakespeare bei Holinshed (p. 723); ebendaselbst auch die Ausserungen des Uebermuths und der blinden Arglosigkeit des Hastings, welche die Scene uns weiter vorführt. — In der Darstellung des Stanley auf der Bühne muss insbesondere seine lauernde Vorsicht im stummen Spiel hervortreten. Ueberhaupt ist der Stanley Shakespeare's ein wesentlich anderer als bei Holinshed; im Drama treten seine Hintergedanken gegen Richard fast von seinem ersten Auftreten, jedenfalls von Eduard's Tod an, hervor; in der Chronik und Geschichte entscheidet er sich erst ganz zuletzt für Richmond. Für die Aufführung gehört Stanley jedenfalls zu den bedeutenderen Personen des Stücks.

[2]) Der wirklichen Geschichte nach wurde Stanley allerdings in derselben Rathsversammlung, welche Hastings den Tod brachte, zugleich mit Bischof Morton von Ely und Anderen verhaftet, jedoch bald wieder freigelassen, und sogar zu bedeutenden Aemtern befördert.

nehmen vermied er jedoch, dem Argwohn objective Anhaltspunkte zu bieten, obgleich er bei Shakespeare, von der Thronbesteigung Richard's an (A. IV, Sc. 1), mit Elisabeth im Bunde, die Seele der zum Sturz des Usurpators eingeleiteten Verschwörung war.[1]) Ja er ist es sogar, der Richard stets die ersten Nachrichten von den Schritten giebt, bei denen er selbst die Hand im Spiel hatte; so von Dorset's Flucht (A. IV, Sc. 2), die er selbst (A. IV, Sc. 1) anempfohlen und begünstigt; so ferner von Richmond's Landung (A. IV, Sc. 4). Und endlich begeht Richard die letzte Unvorsichtigkeit (A. IV, Sc. 4), Stanley zu entlassen, der seine Anhänger sammeln will; er behält zwar dessen Sohn als Geissel für des Vaters Treue, doch giebt thatsächlich der Uebertritt von Stanley's Truppen in der Schlacht bei Bosworth den Ausschlag gegen Richard. Stanley hat mit grossem Geschick bis zum richtigen Augenblick zwischen Richard und Richmond lavirt, um sich und seines Sohnes Leben nicht blosszustellen; der Schlaue hat gesiegt, und mit Recht lässt der Dichter durch ihn, mit der Geschichte in Uebereinstimmung, dem todten Richard die Krone vom Haupt reissen, um sie Richmond zu übergeben.

Richard ist von der Thronbesteigung, und noch entschiedener vom Mord der Prinzen ab, die Beute des erwachten Gewissens. Seine frühere Ruhe und Festigkeit sind gewichen; er trifft und widerruft Anordnungen in Einem Athem. Er zeigt seinen Anhängern beleidigendes Misstrauen, der beste Weg, um sich treue Anhänger zu entfremden, zweifelhafte zu noch rascherem Abfall zu treiben. Er lässt überall spioniren, spielt am Morgen der Schlacht noch den Horcher bei den Zelten und ergreift doch, Stanley gegenüber, bei dem der Grund zum Misstrauen auf der Hand lag, nur halbe Maassregeln. Ihm kommt die Elasticität des Geistes abhanden; die Waffen werden ihm zu schwer; er bedarf des Weines, um sich aufrecht zu erhalten. In geringschätzenden Urtheilen Andrer über Richmond, in tollen Schimpfen auf ihn und die „Bastarde von Bretagnern", in

---

[1]) In der Chronik sind es der Bischof Morton von Ely und die Gräfin Richmond, welche als die thätigsten Werkzeuge der Verschwörung gegen Richard hervortreten, im Drama dagegen die Königin Elisabeth und Stanley. Von Morton wird hier bloss (A. IV, Sc. 3) erwähnt, dass er zu Richmond geflohen sei und ihn (A. IV, Sc. 4), nebst Dorset und Buckingham, zum Kriege gegen Richard reize; activ tritt derselbe gar nicht auf, als um die Erdbeeren (A. III, Sc. 4) für Gloster zu besorgen. Die Gräfin Richmond kommt bekanntlich im Stück gar nicht vor.

dünkelhaftem Pochen auf seine numerische Uebermacht, sucht er Trost und Selbstbetäubung. Nur im unmittelbaren Angesicht der Gefahr rafft er sich noch einmal zu der frühern Grösse auf. Die klassischen Scenen auf dem Feld von Bosworth (A. V, Sc. 3), die Geister der Gemordeten, die seinen Schlaf stören, ihn verfluchen, Richmond segnen (die „sichtbar gemachten Träume", wie Schlegel sagt), der furchtbare Ausbruch des schuldbeladenen Gewissens in dem letzten Monolog beim Erwachen,[1]) gegen den selbst der Traum des Clarence abgeblasst erscheint, die wilde Anrede an die Seinigen vor dem Kampf,[2]) in der er sich selbst, wie ein Indianer, in Wuth redet, um dann mit verzweiflungsvoller Tapferkeit in das Schlachtgewühl zu stürzen und zu sterben, sie bedürfen keines vermittelnden Commentars zu ihrer richtigen Auffassung. Schon beim Lesen, wie viel mehr bei einer vollendeten Darstellung machen sie den tiefsten Eindruck, den die dramatische Kunst auf ein empfängliches Gemüth auszuüben vermag.

Es hat schon manchen Kritiker, selbst Lessing und Schlegel, bekümmert, dass Richard den ehrenvollen Tod auf dem Schlachtfelde starb; die poetische Gerechtigkeit werde dadurch nicht gesühnt. Dagegen erwähnen Andere mit Recht, dass in den Höllenqualen der letzten Nacht eine fürchterlichere Strafe lag, als in dem Tod selbst. Rötscher sagt treffend: „das Gericht Richard's ist vollständig; er ist durch alle Stufen des Schreckens hindurchgegangen und lässt auch nicht den geringsten Raum für eine jenseitige Vergeltung übrig." Ich glaube überhaupt, dass kein Einwurf unrichtiger sein kann, als der erwähnte, ja dass Shakespeare niemals einen Bösewicht strenger gestraft hat, als Richard. Meiner Ansicht nach liegt diese Strafe nicht bloss in den Qualen jener Nacht, sondern überhaupt in dem vollkommenen Fehlschlagen aller

---

[1]) Holinshed (p. 755) erwähnt ausdrücklich des furchtbaren Traumes und seiner deprimirenden Einwirkung auf Richard.

[2]) Holinshed (p. 756 ff.) giebt die Aureden Richard's und Richmonds wörtlich wieder. Viele Einzelheiten daraus sind von Shakespeare benutzt, Composition und Colorit der Reden jedoch des Dichters freie Erfindung. Die kindlich-naive Weise der alten Chronikschreiber und ihre geringe geschichtliche Zuverlässigkeit kennzeichnen sich nicht besser, als wenn wir Richard, in der Rede bei Holinshed, sich selbst des Prinzenmords anklagen und seine Reue darüber versichern hören. S. 756 sagt Richard wörtlich: *In the adeption and obteining of the garland, I (Richard) being seduced, and prouocked by sinister counsell, and diabolicall temptation, did commit a wicked and detestable act.*

der glänzenden Hoffnungen, die er auf den Besitz der Krone gebaut hatte. Es war sein Himmel gewesen „von der Krone zu träumen"; sie war das Ziel seines Lebens, der einzige Endzweck seiner Handlungen; für die Krone nur hatte er gekämpft, geheuchelt, gemordet. Welche furchtbare Strafe liegt nun darin, dass er auch nicht einen armseligen Augenblick des errungenen Besitzes froh wird, dass er statt der erträumten Wonnen nur Unruhe und Gewissensqualen findet? „Und darum Räuber und Mörder!" sagt Karl Moor. Richard hatte zwei Factoren nicht in Rechnung gezogen. Einmal, in seiner cynischen Geringschätzung der Menschen, glaubte er sie dauernd als willenlose Werkzeuge seiner Tyrannei gebrauchen zu können, auch nachdem er die Maske abgeworfen hatte. Dann aber rechnete er nicht auf das Erwachen seines eigenen Gewissens; an Gräuel von Kind auf gewöhnt, glaubte er, es würde ewig schweigen. So beginnt vom Augenblick der Thronbesteigung an die äussere und innere Zersetzung. Kaum gekrönt, schreckt ihn schon die auftauchende Erinnerung an König Heinrich's VI. auf Richmond's Erhebung deutende Prophezeiung, sowie an die Weissagung eines irischen Barden, er werde nicht lange leben, nachdem er Richmond *(Rouge-mont)* gesehen. Innen und aussen kommt's keinen Augenblick zur Ruhe und mit Schrecken muss sich der souveräne Bösewicht endlich selbst gestehen, wie vollständig er sich verrechnet habe.

Kein Geschöpf liebt mich,
Und sterb' ich, wird sich keine Seel' erbarmen.

Welche Torturen mussten es gewesen sein, die einem Richard diese Worte auspressten! Wie ganz anders tönen sie am Ende seiner Laufbahn, als das kalte, stolze: *I am myself alone,* womit er sich auf den Weg begab!

Ueber Richmond nur noch einige Worte. Der Dichter hat ihn weniger als historische Figur, denn als den Streiter Gottes, als Repräsentanten der siegenden Humanität dargestellt.[1]

---

[1] So klein Richmond's Rolle ist, so sehr verlangt sie einen wohlgebildeten und tüchtigen Repräsentanten, insbesondere da ihm die Schlussworte der gewaltigen Tragödie zugetheilt sind und überhaupt Richmond's Auftreten im letzten Akt dem des Richard das Gegengewicht halten muss, wenn der Eindruck der Parallelreden zu voller Geltung gelangen soll.

O du, für dessen Feldherrn ich mich halte,
Sich' deine Schaaren an mit gnäd'gem Blick!
Reich' ihrer Hand des Grimms zermalmend Eisen,
Dass sie mit schwerem Falle niederschmettern
Die trotz'gen Helme unsrer Widersacher!
Mach' uns zu Dienern deiner Züchtigung,
Auf dass wir preisen dich in deinem Sieg!
Dir anbefehl' ich meine wache Seele,
Eh' ich des Auges Fenster schliesse zu,
Schlafend und wachend schirme du mich stets.

Ganz im gottvertrauenden Sinne dieses schönen Gebetes vor der Schlacht ist die Anrede an die Truppen gehalten, im wohlthuendsten Gegensatz gegen Richard's cynische Frivolität:

Gewissen ist ein Wort für Feige nur,
Zum Einhalt für den Starken erst erdacht:
Uns ist die Wehr Gewissen, Schwert Gesetz.
Rückt vor! dringt ein! recht in des Wirrwarrs Völle!
Wo nicht zum Himmel, Hand in Hand zur Hölle!

Dass der Dichter vermeidet, Richard und Richmond auf der Bühne anders als im stummen Kampfgewühl zusammenzubringen, wo sich ein Dramatiker gewöhnlichen Schlages ein bombastisches Zwiegespräch nicht hätte entgehen lassen, ist ein feiner Zug des Dramas. Die Gegensätze sind hier zu gewaltig; ihr Zusammenplatzen zu dialogisiren geht über die Macht der Sprache und der Darstellungskunst, und die Gefahr hätte nahe gelegen, dass in übertriebenem Pathos und in conventionellem Bühnen-Zweikampf der grandiose Eindruck, den jetzt die Katastrophe und der Schluss hinterlassen, in's Lächerliche umgeschlagen wäre. Wenn auch für sein Publikum der Schritt *du sublime au ridicule* ein weiterer sein mochte, als für unser verfeinertes Jahrhundert, so wusste der fortgeschrittene Shakespeare doch sehr wohl, wo die Wirklichkeit zu übermächtig wird, um sich durch die Mittel der Bühne auch nur im Bild wiedergeben zu lassen.[1])

---

[1]) Aus dem Wortlaut der sicherlich nicht auf Shakespeare zurückzuführenden Bühnenweisungen in den Quartos und Folios: „*Enter Richard and Richmond; they fight. Richard is slain*" könnte man allerdings schliessen, der Zweikampf und der Tod Richard's gingen vor den Augen der Zuschauer vor sich. Aus dem Zusammenhang (es heisst unmittelbar darauf: *Enter Rich-*

Die Schlussrede Richmond's ist die hereinbrechende Morgenröthe der bessern Zukunft. Die Bilder der finstern Nacht eines dreissigjährigen Bürgerkrieges werden noch einmal aufgerollt, um in der Aussicht auf die Vereinigung Richmond's mit der Tochter Elisabeth's auf ewig begraben zu werden. Und in den feurigsten Wünschen für Englands Zukunft findet der grosse Dramen-Cyclus einen um so wohlthuenderen Abschluss, als die ausgesprochenen Hoffnungen sich thatsächlich erfüllten und Shakespeare's Zuhörer unter dem Scepter der grossen Elisabeth die Früchte jenes Friedensschlusses so reichlich ernteten.

Es ist eine Ungerechtigkeit, wenn hierbei Shakespeare von einzelnen Kritikern der Schmeichelei für Richmond, den Stifter der Tudor-Dynastie, unter der er lebte, beschuldigt wird. Wenn im 3. Theil von Heinrich VI. (A. IV, Sc. 6) der König mit der ihm von dem Volksglauben zugeschriebenen Sehergabe den jungen Richmond segnet und seine künftige Grösse prophezeit, so fand der Dichter die Erzählung dieses Vorgangs einfach in der Chronik und es zeugte von feinem dramatischen Takte, dass er denselben verwerthete und so, für einen Augenblick den Schleier der Zukunft lüftend, einige Licht- und Hoffnungs-Strahlen in das monotone Trauergemälde des ringsum tobenden Bürgerkrieges fallen liess.¹) In Richard III. aber wird Richmond's Charakterbild so gebieterisch durch die dramatische Nothwendigkeit vorgezeichnet, dass es des Hinweises auf die von Shakespeare festgehaltene Uebereinstimmung mit thatsächlichen Angaben der Chronik gar nicht einmal bedarf, um ihn zu rechtfertigen. Wenn man die Schmeicheleien bei Holinshed liest, wo z. B. p. 757 von Richmond vor der Schlacht bei Bosworth gesagt wird: *that he seemed more an angelicall creature, than a terrestriall personage*, wo sein Haar beschrieben wird als: *yellow like the burnished gold* u. s. w., so macht Shakespeare's Schilderung umgekehrt einen höchst maassvollen Eindruck. In dem

---

mund, *Derby* [Stauley] *bearing the Crowne*) geht jedoch hervor, dass Richard und Richmond fechtend abgehen und der Fall des Ersteren hinter der Scene vor sich geht. Hiernach haben fast alle neueren Ausgaben, insbesondere auch Dyce und Delius die Bühnenweisung: *Exeunt fighting* aufgenommen; so auch die Schlegel'sche Uebersetzung.

¹) Mit richtigem Verständniss hat Dingelstedt diese Scene in seiner Bühnenbearbeitung Heinrich's VI. beibehalten; ja man darf es hier noch am ersten vertheidigen, wenn er dieselbe durch Zusätze erweitert hat, um zu so viel Schatten etwas mehr Licht zu geben.

bereits erwähnten Gedicht: *The Ghost of Richard III.* wird Richmond sogar „*God-like*" genannt.

Und sollte etwa der ganze wohlthuende Eindruck dieser segensreichen Vereinigung der rothen und weissen Rose durch eine genealogische Untersuchung getrübt werden, ob Richmond und die junge Elisabeth wirklich, wie Shakespeare nach der Chronik sagt, „*the true succeeders of each royal house*" waren, ob nicht Richmond's Ansprüche auf die Lancaster'schen Erbrechte wegen seiner illegitimen Abkunft hinfällig seien?[1]) Oder sollte Richmond hier etwa schon als der zwar staatskluge, aber filzige, argwöhnische, grausame Monarch gezeichnet werden, zu dem er sich, nachdem er als Heinrich VII. den Thron bestiegen, thatsächlich entwickelte? Im Hinblick auf das Drama Heinrich VIII. spreche ich Shakespeare von dem Fehler der Schmeichelei gegen die Königin Elisabeth, unter der er lebte, durchaus nicht frei; aber bezüglich des vorliegenden Stücks ist dieser Tadel nicht bloss ungerecht, sondern bekundet ein völliges Verkennen der Aufgabe und des Wesens historischer Dichtung.

Schliesslich noch einige Bemerkungen über die Darstellung dieses Dramas auf der Bühne, die sich, wenn irgend möglich, stets an die Vorführung Heinrich's VI. anschliessen sollte, worin der Charakter Richard's „*wird*", und worin überhaupt alle Voraussetzungen, auf denen das Drama Richard III. aufgebaut ist, enthalten sind; Dingelstedt (Bd. I, S. 130) spricht sich hierüber treffend aus.

Wir sehen zunächst, wie die Figur Richard's zwar weit hervorragt, jedoch keineswegs so übermässig, als dies vielfach, namentlich von den ältern Kritikern behauptet wird. Die übrigen Personen

---

[1]) Bekanntlich stützten sich die Tudors mit grösster Hartnäckigkeit auf ihre Lancaster'schen Ansprüche, beinahe bis zur Unvorsichtigkeit, die besser fundirten Anrechte der Erbin der Yorks verleugnend. Fast alle Schriftsteller jener Zeit haben sich diesem Vorurtheil gebeugt, oder beugen müssen. Von Owen Tudor selbst, dem Gemahl zweiter Ehe der Wittwe Heinrich's IV., konnte Heinrich VII. natürlich keine Rechte ableiten, wohl aber stützte er sich auf die Ansprüche seiner Mutter, die von Johann von Gaunt, dem Vater Heinrich's IV. abstammte, jedoch aus dessen illegitimer Verbindung mit Catharina Swynford. Wurde auch deren Nachkommenschaft später vom Parlament für legitim erklärt, so schloss dieser Spruch doch gleichzeitig alle Ansprüche auf eventuelle Thronfolge aus. Und überdies konnten Lancaster'sche Ansprüche nicht von Johann von Gaunt, sondern erst von dessen Sohn, Heinrich IV., hergeleitet werden.

haben durch genaues Studium des Stücks allmälig an Bedeutung gewonnen,[1] wozu vorstehende Abhandlung hinsichtlich des Charakterbildes der Elisabeth hoffentlich noch einen weitern kleinen Beitrag geliefert hat. Mit dem Heben der Nebenfiguren vermindert sich das Uebergewicht der Richard-Rolle, vorausgesetzt, dass jene durch eine gute Bearbeitung überhaupt zur Geltung gelangen können. Ich habe mich bemüht, die Charakteristik der Hauptpersonen so zu zeichnen, wie es zu einer richtigen Auffassung für die Bühne erforderlich ist; nur bezüglich der Titelrolle mögen hier noch einige Bemerkungen folgen.

Richard ist, wie schon früher angedeutet, keineswegs bloss eine historische Abstraction. Shakespeare hat mitunter einzelnen Personen eine mehr symbolische Bedeutung gegeben (so z. B. der Margarethe, soweit sie in Richard III. auftritt), den Hauptpersonen aber niemals. Wo er auch abstrahirt, kettet er doch intuitiv die Abstraction wieder an einen Menschen von Fleisch und Blut. Auch seine historischen Figuren sind deshalb stets Charakterbilder. So ist Richard nicht etwa bloss das, aus dem Schooss des Bürgerkrieges durch Selbstzeugung hervorgegangene Scheusal, sondern zunächst und ursprünglich der Typus jener geistig begabten, aber körperlich missgestalteten Menschen, die in ihrer, durch den Spott über ihre Missgestalt noch mehr gesteigerten Verbitterung ein Recht zu haben glauben, von der Vorsehung durch Ueberschreitung der normalen Sittengesetze Ersatz für jene Mängel einzuziehen,[2] die da glauben, sich an der Menschheit selbst rächen zu dürfen für die Freuden, die ihnen versagt sind, für den Spott, den sie von Einzelnen zu erdulden haben, die ein Privilegium für rücksichtslose Verfolgung aller Wege zu besitzen glauben, die für sie gangbar geblieben sind. *Distortum vultum sequitur distorsio morum,* ruft More von ihm aus. Aus einem solchen Charakter, in eine solche Stellung und eine solche Zeit versetzt, wuchs dann der Richard der Tragödie hervor.

Was seine Darstellung auf der Bühne betrifft, so besitzt unsere

---

[1] Ich stimme hiernach also auch nicht ganz mit Ulrici überein; welcher (S. 688) auf Richard's Seite allein Kraft und Thätigkeit, auf der andern nur Dulden und Ohnmacht sieht.

[2] A. W. v. Schlegel in seinen Vorlesungen über dramatische Kunst, sagt (Bd. II, S. 296): „Richard betrachtet seine Missgestalt als eine gehässige Verwahrlosung der Natur, die ihn berechtige, an der menschlichen Gesellschaft, von der er ausgeschlossen sei, seine Rache zu nehmen."

Literatur in der bezüglichen Abhandlung Rötscher's einen wahren Schatz; der Einfluss dieser so geistreichen als erschöpfenden Belehrung ist an unseren deutschen Mimen nicht spurlos vorübergegangen, sondern blickt aus deren Meisterdarstellungen vielfach durch. Der Darsteller möge vor Allem beachten (was auch Rötscher speciell hervorhebt), dass nämlich zwei Phasen in Richard's Entwickelung hervortreten, die in dem Spiel auf's prägnanteste zur äusseren Erscheinung kommen müssen. Die erste reicht bis zur Thronbesteigung; es ist die Phase der virtuosen, mit teuflischem (aber nicht possenhaftem) Humor gewürzten Heuchelei, der durch keine Furcht vor dem Diesseits oder Jenseits beeinträchtigten festen Verfolgung seines Endziels. Es ist sein eigentliches Fahrwasser, sich „mit blut'ger Axt den Weg zu hauen"; er versteht den Thron zu erringen, nicht ihn zu behaupten. Die zweite Phase wird durch die Thronbesteigung eingeleitet, und gelangt unter dem Eindruck des Mutterfluches auch äusserlich vollständig zur Erscheinung. Selbst der Chronist erwähnt dieser grossen Veränderung in seinem Wesen, von dem Augenblick an, wo er den letzten schweren Fluch des Kindesmordes auf seine Seele geladen.[1]) Die Heuchelei hat er als lästig und überflüssig bei Seite geworfen; wo er das alte Hülfsmittel, wie bei der Unterredung mit Elisabeth, nochmals hervorsuchen will, versagt es den Dienst. Durch Despotie nur will er fortan herrschen. Er wird stolz, rauh, beleidigend gegen Freund und Feind; seine Selbstbeherrschung hört auf, eine fieberhafte Unruhe und Ungeduld ergreift ihn. Regungen des Aberglaubens gehen den Gewissensbissen voraus, die sich stufenweise bis zu einer solchen Entzweiung seines Wesens steigern, dass er zuletzt, gleichwie ein Brennender, der in's Wasser springt, den Tod auf dem Schlachtfelde sucht, nur um der unerträglich gewordenen grösseren Qual des Gewissens los zu werden.

Nur grossen geistigen und physischen Mitteln wird es gelingen,

---

[1]) More sagt hierüber (Holinshed p. 735): *For I haue heard by credible report of such as were secret with his chamberleine, that after this abhominable deed doone he never had a quiet mind. He never thought himself sure. Where he went abroad, his eies whirled about, his bodie priuilie fensed, his hand euer upon his dagger, his countenance and maner like one alwaies readie to strike againe, he looke ill rest a nights, laie long wacking and musing, sore wearied with care and watch, rather slumbered than slept, troubled with fearefull dreames, suddenlie sometimes started up, lept out of his bed and ran about the chamber.*

diese kolossale Rolle völlig zu bemeistern, und insbesondere die Grenzen des Schönen inne zu halten.¹) Es ist dabei von grosser Wichtigkeit, die Hässlichkeit der äussern Erscheinung nicht zu übertreiben. Die in den Dramen Heinrich VI. und Richard III. desfalls enthaltenen, auf Holinshed (p. 712 und 760) basirten Schilderungen malen zwar in endloser Variation Richard's körperliche Missbildung aus. Allein einmal ist nicht zu übersehen, dass diese Schilderungen von dem Hass der Gegner, oder von ironischer Selbstverspottung dictirt, also verzerrt und übertrieben sind. Dann aber hat die Darstellungskunst ihre eignen ästhetischen Gesetze. Wie ein schreiender Laokoon in der Dichtung schön sein kann, in der Plastik unschön sein würde, so hat auch das Hässliche in der Schauspielkunst Grenzen, die der Dichtung zu Liebe nicht überschritten werden dürfen. Auch in dieser Beziehung giebt Rötscher treffliche Regeln. Eine Erhöhung der Schulter¹) und Nachschleifen des Fusses genügt, ihm zufolge, zur Unterstützung des Mienenspiels und der Stimme, um das Dämonische in Richard mit höchster Wirkung hervorzuheben. Auch möchte ich noch hervorheben, dass der historische Richard ein junger Mann war; 1452 geboren, starb er 1485, also im Alter von 33 Jahren; bei der Werbung um Anna war er 21 Jahre alt. Warum erschweren sich die Künstler ihre Aufgabe, indem sie ihn weit älter darstellen?

Noch auf Einen Punkt möchte ich dabei speciell aufmerksam machen, gerade weil er noch, trotz Rötscher's trefflicher Bemerkungen, von den meisten Darstellern dieser Rolle ausser Augen gelassen wird; ich meine nämlich die Gesichtszüge Richard's.³) Wenn

---

¹) Es möge hier noch eine treffliche, für den Schauspieler wichtige Bemerkung Vischer's (Kritische Gänge, S. 48) Platz finden. Er sagt: „Grosser kriegerischer Muth, eine bärenhafte Tapferkeit, giebt dieser ungeheuren Abstraction die nothwendige sinnliche Realität. Man darf Richard nicht unmittelbar als sublimirten Verstandesbösewicht fassen, eine plumpe, grobe Natur ist die derbe Grundlage seiner Persönlichkeit, er ist ganz durch und durch Mann, eine rohe Naturkraft."
²) Nach Walpole war die ungleiche Höhe der Schultern die einzige Missbildung des geschichtlichen Richard. Ein Zeitgenosse Richard's, Rous, der ihn gesehen zu haben behauptet, spricht auch nur von *a low stature, short face and unequal shoulders*.
³) Walpole bemerkt, dass die von Richard vorhandenen Porträts übereinstimmend einen angenehmen Ausdruck des Gesichts zeigten. Für die Darstellung ist freilich nur massgebend, wie ihn Shakespeare selbst gezeichnet hat, doch halte ich dessen Meinung hiermit nicht absolut im Widerspruch.

uns derselbe von vorn herein mit niedriger Stirn, die buschigen, vorn überhängenden Haare dicht über den Augen abgeschnitten, alle Linien der Bosheit und Heuchelei stark aufgetragen, gleichsam wie ein Teufel auf dem Präsentirteller vorgeführt wird und er wo möglich noch mit heiserer Stimme spricht, so betrügt sich der Schauspieler selbst um den grössten Theil seines Erfolges; die Anna-Scene namentlich wird dadurch zur Carrikatur. Nichts ist Shakespeare's Intention mehr entgegen gewesen; gehen wir die ganze Tonleiter der Schilderungen von Richard's Missgestalt durch, so findet sich mit offenbarer Absichtlichkeit jedes Wort über etwaige Hässlichkeit seines Gesichts vermieden; ebenso bei More,[1]) der über seine Gesichtszüge speciell sagt, dass sie gewesen seien: „was man bei vornehmen Leuten kriegerisch *(warlicke)* nenne." Es scheint sogar aus verschiedenen Stellen hervorzugehen, dass Shakespeare die Gesichtszüge Richard's, wenn auch mit unheimlichem Ausdruck, doch als männlich schön gedacht hat, um der Illusion zu Hülfe zu kommen. Der kleine Sohn des Clarence (A. II, Sc. 2) liebt ihn und kann nicht denken, dass er sich verstellen könne; Kinder sehen doch hierin so scharf und urtheilen vor Allem nach den Gesichtszügen. Hastings (A. III, Sc. 4) sagt von ihm:

Ich denke, Niemand in der Christenheit
Kann minder bergen Lieb' und Hass wie er;
Denn sein Gesicht verräth euch gleich sein Herz.

Von einem hässlichen Gesicht konnte er so nicht sprechen.
Buckingham (A. III, Sc. 7) schildert ihn der Bürgerschaft[2]) nach

---

[1]) Holinshed p. 712. In dem späteren, nicht mehr von More herrührenden Theil der Chronik, am Ende des Abschnitts von Richard III. (p. 760), findet sich allerdings der Ausdruck seines Gesichts als grausam und boshaft geschildert *(his countenance was cruell, and such, that at the first aspect a man would judge it to sauour and smell of malice, fraud and deceit).* Doch bezieht sich dies auf seine Haltung in der letzten Phase seines Lebens. Hier findet sich auch die von Shakespeare A. IV, Sc. 2 benutzte Bemerkung, dass er sich in die Unterlippe zu beissen pflegte, wenn er in Gedanken versunken oder ärgerlich war. Diese, sowie die fernere Bemerkung, dass er in fortwährender Unruhe den Dolch oft halb aus der Scheide gezogen und wieder zurückgestossen habe, lassen sich bei der Darstellung dieser Rolle gut verwerthen.

[2]) Bei Holinshed (p. 728), wo die Rede des Doctor Shaw an St. Paul's Cross einen Theil der Argumente umfasst, die Shakespeare dem Buckingham in der Guildhall-Rede in den Mund legt, treten Richard und Buckingham gleichsam wie zufällig heran (sie haben sich etwas verspätet, was den Doctor Shaw ganz aus der Rolle bringt, so dass Jedermann die Verabredung merkt);

seinen Gesichtszügen *(lineaments)* als das ächte Abbild seines ritterlichen Vaters York; die Beschreibung müsste, wie Walpole richtig bemerkt, Gelächter erweckt haben, wenn Richard's Gesicht hässlich, oder dem Vater unähnlich war. Nur in der zweiten Phase, nach dem Ende hin, darf auch der bis dahin vor Dritten zurückgedrängte dämonische Ausdruck mehr hervortreten und die furchtbare Seelenqual sein Gesicht vorzeitig durchfurchen und verzerren, seine Gestalt beugen. Von der Stimme gilt dasselbe. Sie muss in der ersten Phase allen Affecten, den zärtlichsten wie den rauhesten, dienstbar sein und erst gegen das Ende hin darf sie hart, tonlos, vor Aufregung heiser werden. Auch hierüber hat Rötscher treffliche Bemerkungen gemacht.

Die virtuose Darstellung dieser einen Rolle wird aber den Kenner Shakespeare's niemals allein befriedigen können. Die vorzüglichen und der höchsten Wirkung fähigen, meist sehr schwierigen Rollen einer Elisabeth, Anna, Margaretha, Herzogin York, eines Buckingham, Clarence, Hastings, Stanley, Richmond u. s. w. bedürfen ebenfalls ganz vorzüglicher Repräsentanten, die dann in ihrem Ensemble das natürliche Gegengewicht gegen die Richard-Rolle bieten.

Freilich ist hierbei vor Allem erforderlich, dass die **Bühnenbearbeitung** des Stücks die Möglichkeit gewähre, jene Rollen überhaupt zur Geltung zu bringen. Hierin gerade liegt aber ein solcher Uebelstand der deutschen Schaubühne, dass man Dingelstedt's beissende Bemerkungen hierüber vollständig gerechtfertigt finden muss. Und leider geben die grössten Bühnen Deutschlands, z. B. Berlin und Wien, in dieser Beziehung fast zu dem meisten Tadel Anlass.

Die Bearbeitung und Einrichtung Shakespeare's für die Bühne ist allerdings eine Aufgabe, von deren Schwierigkeit der Fernstehende kaum einen Begriff hat. Die meisten Shakespeare-Gelehrten alter und neuer Zeit sind zwar mit diesem Thema rasch fertig, indem sie als einzige Regel hinstellen, die **Aptirung** Shakespeare's für die Bühne dürfe **nur in Kürzungen** bestehen. Allein mit diesem einfachen Recept kommt man nicht weit, ohne festzusitzen. Ich

---

der Redner ruft hier aus: *This* (Richard) *is the very noble prince, the speciall patrone of knightlie prowesse, which as well in all princelie behauior, as in the lineaments and favor of his visage, representeth the verie face of the noble duke of Yorke his father: this is the fathers owne figure, this his owne countenance, the verie print of his visage, the sure undoubted image, the plaine expresse likenesse of the noble duke, whose rememberance can neuer die while he liueth.*

verweise in dieser Beziehung auf die meisterhafte Abhandlung Dingelstedt's: „Die Reproduction der Shakespeare'schen Historien" im ersten Band seiner schon erwähnten neuen Bühnenausgabe, die zugleich eine höchst interessante Geschichte der Bestrebungen, Shakespeare für die Bühne einzurichten, enthält. Derselbe Gegenstand ist neuerdings auch von Fr. v. Bodenstedt im 2. Band des Jahrbuchs der deutschen Shakespeare-Literatur und ebendaselbst auch von Otto Devrient besprochen, wenn auch von beiden nur gelegentlich und in aphoristischer Weise.

Versuchen wir die Aufgabe in ihren Ausgangs- und Zielpunkten systematisch zu zergliedern, so möchten zunächst folgende Gesichtspunkte als die leitenden für eine deutsche Bühnenbearbeitung und Scenirung Shakespeare's (die Rücksicht auf beides ist unzertrennlich) anzusehen sein. Dass überhaupt gekürzt und geändert werden muss, betrachte ich dabei als selbstverständliche Voraussetzung; es handelt sich nur um die Principien, wornach zu verfahren ist, um die Grenzen, die inne zu halten sind.

A. Rücksichten auf äusserlich veränderte Verhältnisse.

1) Das Verhältniss der heutigen Bühne mit ihrem Scenen- und Decorationswechsel und ihren fest bestimmten Scenen- und Aktschlüssen zur alten englischen Bühne, die dies Alles nicht kannte, macht zunächst Aenderungen der eingreifendsten Natur nothwendig.[1]) Zunächst muss die Ueberzahl der einen Decorationswechsel bedingenden Scenen bei Shakespeare durch Auslassungen, Zusammenziehungen oder Verlegungen des Schauplatzes auf ein möglichst geringes Maass eingeschränkt werden. Dann aber kann überhaupt die moderne Scenerie nicht etwa wie ein Mantel um den alten, darauf gar nicht berechneten Text geworfen, sondern ihre unabweislichen Ansprüche müssen respectirt, sie muss in organische Verbindung mit dem Inhalt gesetzt, Inhalt und frühere Anordnung der Scene deshalb oft ganz umgeändert werden, wenn die angeregte Illusion das Verständniss und den Genuss nicht mehr stören, als fördern sollen.

Man mache nur einmal den oberflächlichen Versuch, den Dichter von diesem Einen Gesichtspunkt aus der modernen Bühne zu adaptiren (bei einzelnen Stücken Shakespeare's tritt diese Schwie-

---

[1]) Siehe hierüber, ausser Dingelstedt's, auch Freytag's treffliche Bemerkungen in seiner „Technik des Dramas" S. 166 ff.

rigkeit allerdings weniger hervor), und man wird einen Begriff bekommen, wie difficil diese Arbeit ist, wie tief dabei in den Urtext eingeschnitten, wie Vieles weggelassen, die Weglassung wieder durch neue Zuthat ergänzt, Dialog in Erzählung umgewandelt, kurz wie wesentlich die äussere Form verändert werden muss.

2) Die Rücksicht auf die Zeit, welche der heutige Zuschauer nach unseren modernen Lebensgewohnheiten der Bühne widmen kann, ist ebenfalls eine unabweisbare zu nennen, so sehr sich die Pietät für den Dichter dagegen sträuben mag, dies anzuerkennen. Wir haben die Dauerhaftigkeit der alten Griechen nicht mehr, die hintereinander in zehnstündigem Spiel drei Tragödien und ein Satyrspiel verdauten. Gelegentliche Festvorstellungen mögen es heute noch gestatten, Shakespeare's Stücke in vollem Umfang vorzuführen (falls dies überhaupt wünschenswerth wäre); die gewöhnliche Theaterpraxis schwerlich. Freytag giebt 3 Stunden, in denen 2000 Verse recitirt werden können, als die regelmässige Länge eines modernen Bühnenstücks an; nun hat aber z. B. Hamlet 3715, Richard III. 3603 (wovon Richard allein 1128 zu sprechen hat), Lear 3255 Verse. Macbeth mit 2116 Versen wäre hiernach fast das einzige Shakespeare'sche Stück, welches aus blosser Rücksicht auf die Zeit unverkürzt bleiben könnte; Richard III. z. B. müsste nach Freytag um etwa $\frac{1}{3}$ gekürzt werden, d. h. von 5 Zeilen müssten durchschnittlich 2 wegfallen. Die Dingelstedt'sche Bearbeitung Richards hat etwa 2500 Verse; weiter brauchten, meiner Ansicht nach, die Kürzungen Shakespeare's überhaupt nicht zu gehen. Selbstverständlich kann diese Rücksicht auf die Zeit bei der Bearbeitung niemals mechanisch unvermittelt zur Anwendung kommen; wo zu kürzen, was wegzulassen, dies muss stets durch scenische, ethische oder ästhetische Motive in sich selbst gerechtfertigt werden und die Rücksicht auf die ursprüngliche Länge des Stücks, im Verhältniss zu dem Umfang, den es erhalten soll, hat dabei nur als Coefficient mitzuwirken.*) Uebrigens ist diese Frage

---

*) Dem Princip nach bin ich mit dieser Rücksichtnahme auf die Zeitdauer der Vorstellungen im Widerspruch mit dem geistreichen Dramaturgen Fr. v. Bodenstedt (siehe dessen Abhandlung über die Shakespeare-Aufführungen in München im II. Band des Jahrbuchs der deutschen Shakespeare-Gesellschaft). Dieser Widerspruch hat jedoch nicht ganz die praktische Tragweite, als es scheinen möchte; denn die übrigen auch von Bodenstedt anerkannten Rechtfertigungsgründe für das Streichen und Kürzen werden die meisten Shakespeare'schen Stücke von selbst schon auf ein, unseren Gewohnheiten entsprechenderes Maass reduciren.

keineswegs eine specifisch shakespearische; Schiller's und Göthe's Dramen müssen, wie dies bereits von Elze im 2. Band des Jahrbuchs der Deutschen Shakespeare-Gesellschaft (S. 109) hervorgehoben ward, gerade so gut und theilweise (z. B. Don Carlos) noch stärker gekürzt werden als Shakespeare. Die Rücksichtnahme auf Verminderung der Spielerzahl führe ich hier nicht als eine besondere Kategorie auf, da sie theils localer Natur ist (also z. B. nur für kleine Theater hervortritt), theils der Ausfall mancher Nebenrollen von selbst durch die übrigen hier als leitend hervorgehobenen Rücksichten herbeigeführt wird. Nur vor dem Zusammenschmelzen mehrerer Rollen in eine möchte ich grundsätzlich warnen, insofern es sich nicht etwa lediglich um ganz unbedeutende Repräsentations- oder Nebenrollen ohne ausgeprägte Charakteristik handelt.[1]) Kann eine mittlere oder kleine Bühne nicht alle Rollen besetzen, so ist es viel eher zulässig, zwei Nebenrollen durch dieselbe Person spielen zu lassen, wie das auch zu Shakespeare's Zeiten geschah.

B. Rücksichten auf die veränderte Zuhörerschaft.

1) Die Rücksicht auf das Verständniss, auf eine klare und zugleich rasche Auffassung durch unsere heutige Zuhörerschaft bedingt Aenderungen, Streichungen oder Zusätze, die geradezu unerlässlich sind; es bildet dies eine der schwierigsten Aufgaben für den Bearbeiter. Dabei sind zwei Gesichtspunkte im Auge zu behalten, nämlich die des materiellen und formellen Verständnisses.

a. Diese erstere Rücksichtnahme auf das materielle Verständniss kommt ganz insbesondere bei den Historien zur Sprache, wo das Shakespeare'sche Publikum den darin geschilderten Begebnissen noch so nahe stand, dass die blosse Erwähnung von Ereignissen oder Personen genügte, um deren Bedeutung oder Charakteristik klar zu machen und den Zusammenhang oder die mangelnde Motivirung auch da nicht vermissen zu lassen, wo wir heute (denn ein Parterre von Shakespeare-Gelehrten darf nicht unterstellt werden) die wesentlichsten Lücken sehen. Wenn z. B. in Richard III. der Frau Shore und ihres Einflusses mehrfach erwähnt wird, so kannte das

---

[1]) Vollkommen unzulässig halte ich es z. B., wenn, in der Karlsruher Bearbeitung des Hamlet, die Rosenkranz- und Osrick-Rollen in eine verschmolzen werden, wo doch der Dichter die durchgreifendsten Gegensätze in Haltung und Charakter beider Persönlichkeiten gezeichnet hat.

damalige Publikum Geschichte und Bedeutung dieser „lustigsten Maitresse" Eduard's IV.; für unser Publikum müssen die betreffenden Stellen ausgelassen oder verallgemeinert, oder durch Zusätze verständlich gemacht werden. So wird unserm Publikum in Richard II. die geheime Absicht Heinrich Hereford's bei seinen Anklagen gegen Norfolk aufzuklären sein, wenn nicht die Hauptwirkung des ersten Aktes verloren gehen soll. Dies involvirt allerdings die kitzliche Frage, wie weit die hier besprochene Rücksicht gehen soll, um überhaupt mangelnde Motivirung zu ersetzen. Ich halte dies principiell für zulässig, mit der Einschränkung jedoch, dass überhaupt nur die Rücksicht auf verloren gegangenes Verständniss, oder Verständniss überhaupt, Zusätze statthaft macht. Von den Zusätzen zur Wiederherstellung des Zusammenhanges bei ausgefallenen Stellen oder Scenen ist hier natürlich nicht die Rede, da sie selbstverständlich sind. Als ein natürliches Correlat der Zusätze, um wichtige Stellen verständlich zu machen, erscheint das Auslassen solcher Stellen, die nur von ganz vorübergehendem Interesse für den englischen Zuhörer jener Zeiten waren, z. B. locale Anspielungen u. dgl. Hier lohnt es der Mühe nicht, durch Zusätze erst zum Verständniss zu führen.

b. Die Rücksicht auf das Verständniss hat aber nicht bloss ihre materielle, sondern auch ihre formale Seite. Die Sprache, in der Shakespeare seine Gedanken und oft gerade die schönsten Gedanken ausdrückt, ist häufig so knapp, dass eine von Rücksichten auf philologische Treue dictirte Uebersetzung richtig, ja auch poetisch schön sein kann und doch für die Bühne, deren Sprache leicht und rasch verstanden sein will, durchaus nicht passt. Ein unbedingtes Festhalten an dem Text unserer, wenn auch noch so gediegenen Uebersetzungswerke, insbesondere an Schlegel, ist daher nicht zu empfehlen, vielmehr werden häufig aus sachlichen oder auch euphonischen Rücksichten Abweichungen oder Umschreibungen, selbst Zusätze nothwendig sein, um ein rasches Verständniss des Gesprochenen zu erleichtern. Die Orthodoxie der Text-Kritiker, die falschverstandene Pietät gegen das Original, sind hier überhaupt nicht am Platz. Nur bei solchen berühmten Stellen, die bereits zum Volkseigenthum geworden sind, vermeide man Abänderungen; hier ist bei allen Gebildeten die genaue Bekanntschaft mit dem Sinn der Worte bereits vorauszusetzen.

2) Die Rücksicht auf das verfeinerte ethische und ästhetische Gefühl unserer Zeit macht endlich bei vielen Stücken tiefgehende Eingriffe in den Urtext Shakespeare's nothwen-

dig. Die niedere Bildung und Sitte seiner Zeit, der Umstand, dass die Frauenrollen von Knaben gegeben wurden, und dass ehrbare Frauen das Theater seltener und alsdann maskirt oder verschleiert besuchten, haben viele von Shakespeare's Dramen, namentlich die Lustspiele, mit Zoten und Zweideutigkeiten verunreinigt, welche dem berechtigten Sittlichkeitsgefühl unserer Zeit widerstreben und unbedingt in einer Bühnenausgabe auszumerzen sind. In Bezug hierauf theile ich vollständig Rümelin's Ansichten (S. 48). Nur hüte man sich in dieser Beziehung vor Prüderie, indem bei Shakespeare dicht an der Grenze des Unanständigen so viel Originalität und natürliche Schönheit lagert, dass ein kränkelndes Sittlichkeitsgefühl, welches die Spreu nicht vom Weizen zu sondern weiss, viel Unheil anrichten würde.

Shakespeare geht ferner, insbesondere in seinen Jugendarbeiten, in Schimpfworten, starken Ausdrücken und Vorführung anstössiger oder grausamer Handlungen weiter, als unser Gefühl verträgt. Hier ist ebenfalls, jedoch ohne übertriebene Empfindelei, Vieles zu mildern oder ganz zu streichen, namentlich bei den Frauenrollen. Man wird z. B. Anna heute nicht mehr nach Richard spucken lassen; auch die häufigen Drohungen der Frauen mit der Waffe ihrer Nägel u. dgl. werden einzuschränken, manche Auftritte hinter die Coulissen zu verlegen sein, die bei Shakespeare auf offener Scene spielten.

Wo möglich sollen überhaupt in der Bearbeitung für unsere Bühne die sensiblern Nerven des heutigen Zuschauers nicht stärker angegriffen werden, als dies ursprünglich bei Shakespeare's Zuhörern der Fall war. Gleichen Eindruck auf die heutigen Zuhörer hervorzubringen, wie Shakespeare auf seine Zuhörer hervorbrachte, dies würde überhaupt die ideelle Lösung der vorliegenden Aufgabe sein.

Die veränderten Ansichten in Bezug auf Schönheit der Form und Dialektik werden schliesslich Veranlassung geben, vorzugsweise die Stellen wegzulassen oder zu kürzen, die, ohne für Handlung oder Charakteristik wesentlich zu sein, sich in Formen oder Ausdrücken bewegen, die dem heutigen Geschmack zuwider sind, z. B. allzu langathmige Monologe, pathetische Expectorationen, Betheuerungen, Herausforderungen, veraltete oder gesuchte Tropen, Wortspiele, die nur um ihrer selbst willen da sind, oder durch die Uebertragung in unsere Sprache um ihre Pointen kamen, Antithesen und Schlagverse, kindliche Beschreibungen heroischer Vorgänge u. s. w. Immer behalte man aber im Auge, dass die Anstössigkeit der Form nie für sich allein zu Weglassungen berechtigt, insofern der Inhalt nicht gleichzeitig als überflüssig oder störend erscheint. Auch kann es sich immer hier nur um Einzelheiten, nicht um Verwischung des Colorits und der specifischen Eigenthümlichkeiten unseres Dichters handeln. Insbesondere muss man aus Shakespeare's markigen Gestalten keine modernen Menschen machen wollen.

Diese blosse Andeutung der wesentlichsten Punkte, welche bei einer Bühnenbearbeitung Shakespeare's im Auge zu behalten sind, werden genügen, deren ungeheure Schwierigkeiten darzuthun, insbesondere da die einzelnen Rücksichten nicht etwa successive oder getrennt applicirt werden können, sondern sich wechselseitig ergänzen, also zusammenwirken müssen. Auch sieht man hieraus, wie es mit dem einfachen Kürzungsrecept nichts ist,[1]) wie tiefgehende Abänderungen, Ergänzungen, ja Zusätze unumgänglich nöthig sind, freilich bei einem Stück mehr, beim andern weniger. Nur vor zwei Ausschreitungen hüte man sich principiell: einmal vor selbstständigen, nicht zur Ausfüllung von Kürzungen oder zum Verständniss unumgänglich nothwendigen eigenen Zusätzen und zum andern vor Verschönerungen Shakespeare's, welche die eigenen poetischen Anschauungen oder Motive des Bearbeiters dem Dichter unterschieben. Man muss nicht „mit den Pfennigen aus seinem Bettelsacke den Millionär unterstützen wollen", sagt Eduard Devrient treffend. Die Versuchung zu solchen Verbesserungen, wo Shakespeare offenkundig gegen Logik oder Aesthetik gesündigt hat, mag noch so gross sein, so hat sich der Bearbeiter doch hiervon principiell fern zu halten; das eigentliche Wesen seiner Dichtung muss in den Licht- wie in den Schattenseiten treu wiedergegeben werden. Es bedarf übrigens der Bemerkung nicht, wie verschieden sich die Bühnenbearbeitungen der einzelnen Dramen Shakespeare's zum Urtext stellen werden, wenn man sie principiell ganz gleicher Behandlung unterwirft; das eine Stück wird fast unverändert und unverkürzt bleiben

---

) Auch Dr. Eduard Devrient in seiner Geschichte der deutschen Schauspielkunst Bd. II, S. 379 proclamirt dies Princip, hat es jedoch in der Praxis in seinen höchst verdienstlichen Bearbeitungen von 17 Stücken für das Karlsruher Hoftheater nicht zur stricten Geltung zu bringen gesucht. Ich habe leider bisher nur wenige Stücke Devrient'scher Bearbeitung aufführen sehen; die des Coriolan gehört jedenfalls zu den besten Aptirungen Shakespeare'scher Stücke für die deutsche Bühne; sogar Dingelstedt in Weimar führt dies Drama nach Devrient auf.

(z. B. Macbeth), während andere (z. B. Heinrich VI.) fast durchgehends umgestaltet werden müssen. Man sieht hiernach, wie die Herstellung einer vollendeten Bühnenbearbeitung Shakespeare's vielleicht gleich grosse Ansprüche an die Kenntnisse und Talente eines Schriftstellers macht, als die selbstständige Schöpfung dramatischer Dichtungen. Denn sie erfordert nicht bloss alle Eigenschaften des dramatischen Dichters, sondern ausserdem genaues Studium und intuitives Verständniss Shakespeare's, sowie die genaueste Kenntniss der Technik unserer heutigen Bühne und unserer Bühnenzustände überhaupt. Und mit diesen Kenntnissen allein ist es noch nicht gethan; es muss eine specielle Begabung für solche Arbeiten hinzutreten, die sich der Behandlung nach der Schablone vollständig entziehen. Wer aber diese Kenntnisse und diese Begabung besitzt, der soll nur kühn an Shakespeare herantreten und sich nicht zu sehr geniren, darin aufzuräumen. Drei Jahrhunderte sind entfremdend für genaue Bekanntschaft und richtige Würdigung. In dem Maasse, in welchem der heutige Mensch in Bildung und Gesittung dem Engländer des sechzehnten Jahrhunderts vorausgeschritten ist, in demselben Maasse macht sich die Nothwendigkeit veränderter Formen geltend, um uns gleichen Genuss, gleiche Einsicht in seine Schönheit zu gewähren, wie das Original seiner Zeit gewährte. Daraus folgt auch, wie es keine, von der Zeit unabhängigen, absolut guten oder schlechten Bearbeitungen älterer Werke giebt. Wer will Garrick, wer Schröder tadeln, dass sie Shakespeare in Einzelheiten Gewalt anthaten, dass sie, um nur ihrer Zeit diejenigen Schönheiten zeigen zu können, die sie begriff, den Theil derselben opferten, den sie nicht begriff? War es nicht besser, dass sie Lear und Hamlet am Leben liessen, anstatt auf Vorführung Shakespeare's überhaupt zu verzichten? Denn das Schauspiel, also wie viel mehr eine Bearbeitung älterer Stücke, ist nicht für einzelne Gelehrte, sondern für den jeweiligen intellectuellen und ästhetischen Bildungsgrad des Volks und des Jahrhunderts zu berechnen. Als Schröder 1777 in Hamburg, seiner eigenen Neigung entsprechend, den Othello nur gekürzt, sonst ziemlich unverändert zur Aufführung brachte, als die Damen bei Desdemona's Ermordung massenweise ohnmächtig wurden und das Haus bei der Wiederholung leer blieb, wäre es da besser gewesen, die gewaltige Tragödie bei Seite zu werfen, oder, wie Schröder that, von der dritten Vorstellung ab den Betrug des Jago vor der Katastrophe entdecken, Desdemona und den Mohren am Leben zu lassen? Ueberhaupt unterschätze man die Thatsache nicht, dass die Cibber, Garrick, Schröder, Dingelstedt, kurz die, welche am kühnsten in Shakespeare einschnitten, gleichzeitig aber auch ihre Bühne und ihr Publikum kannten und, Cibber etwa ausgenommen, intuitives Verständniss für Shakespeare hatten, thatsächlich die grössten Erfolge erreichten und die Theilnahme für den Dichter ausserordentlich steigerten, während der Romantiker Tieck und seine Jünger, hauptsächlich weil sie ihn aus übergrosser Pietät möglichst unverändert aufführen wollten, gar nichts erreicht (allerdings wirkten hierbei auch noch andere Umstände mit), ja der Ausbreitung Shakespeare's auf der deutschen Bühne eher geschadet haben. Dass Göthe ebenfalls, weder in Bearbeitung noch Vorführung Shakespeare'scher Stücke etwas Entscheidendes zu leisten vermochte, lag in der poetisch-rhetorischen Richtung der damaligen Weimar'schen Schule, welcher Shakespeare's derbe Sprache und Charakteristik nicht zusagten. Auch Immermann erreichte aus gleichem Grunde keine Erfolge und wandte sich von Shakespeare ab. Im Uebrigen haben Heufeld, Stephanie, Grossmann, Broemel, Engel, Schink, Weisse und Gotter bewiesen, dass Shakespeare nur von kundiger Hand viel vertragen kann, dass der Unkundige aber durch verkehrtes Eingreifen gar leicht die Schönheiten und die Originalität unseres Dichters vollständig zerstören und ihn dem gebildeten Geschmack noch weit ungeniessbarer machen kann, als der unveränderte Urtext für unsere heutige Zeit sein würde.

Glücklicherweise ist unsere Zeit in dem Studium Shakespeare's und in ihrer literarisch-ästhetischen Bildung überhaupt so weit fortgeschritten, dass sich der neuere Bearbeiter nicht mehr vor solche peinliche Alternativen gestellt sieht, wie noch vor 80 Jahren Schröder im Othello. Glücklicherweise finden wir gegenwärtig in Dingelstedt und Eduard Devrient, deren Anstrengungen sich nun auch der geistreiche Shakespeare-Kenner Fr. v. Bodenstedt in Meiningen zugesellen wird, die Vereinigung von Schriftsteller, Shakespeare-Kenner und Bühnenleiter, die allein befähigt, eine solche Aufgabe zu lösen; möge ihr Vorbild bald weitere Nacheiferung finden, mögen die jetzigen, meist jämmerlichen Bearbeitungen von der Bühne verschwinden, dann kann in der That Shakespeare für unsere Generation neu geboren werden.

Im Ganzen trägt Dingelstedt vielfach dem theatralischen Effect zu weitgehende Rechnung und geht bezüglich selbsteigner Zusätze und freier Behandlung des Textes, wie der Schlegel'schen Uebersetzung, über die oben angedeuteten Grenzen oft weit hinaus; dies tritt insbesondere in den Dramen Heinrich IV. 2. Theil und Heinrich V. hervor,[1]) während Heinrich VI. allerdings ohne so tief eingreifende Umgestaltung überhaupt nicht für die moderne Bühne herzurichten war. In den übrigen Historien fallen diese Einwände meistens weg. In Richard III. insbesondere entfernt er sich, von Einzelheiten (z. B. in der Elisabeth-Scene) abgesehen, nicht weiter als nothwendig und zulässig vom Original und ist dies überhaupt eine Bearbeitung, die im Ganzen wirklich mustergültig genannt und als Vorbild für alle derartigen Arbeiten hingestellt werden kann; sie ragt hoch über Alles hervor, was in Deutschland bis dahin von Dichtern und Regisseuren an diesem Werke gesündigt wurde. Wenn in früheren Bearbeitungen, anstatt das Uebergewicht Richard's zu dämpfen, das Stück erst recht zu einer Paraderolle für denselben zusammengestrichen ward, neben welcher höchstens noch Anna in der Werbe-Scene zur Geltung kam, so lässt Dingelstedt die anderen höchst interessanten Charaktere und Neben-Scenen des Stücks zu voller Geltung gelangen, so insbesondere auch die Elisabeth, die bisher als blosse Repräsentationsrolle jeder beliebigen Anstandsdame anvertraut wurde, ferner die reizenden Scenen mit den Kindern des Clarence und den beiden jungen Prinzen, die Volks-Scene nach Eduard's Tod u. s. w. Wie keiner vor ihm hat es überhaupt Dingelstedt gefühlt, dass in so schwarzen Gemälden die wenigen Lichtpunkte nicht gänzlich ausgelöscht, sondern umgekehrt um so mehr hervorgehoben werden müssen.

Wenn Charles Kean seine Beibehaltung von Cibber's Richard III. mit der besonderen Schwierigkeit entschuldigt, die eine Bühnenbearbeitung gerade dieses Stücks verursache, so gebe ich ihm im Allgemeinen nicht Recht; in dieser Beziehung bietet das Stück sogar weniger Schwierigkeiten als viele andere von Shakspeare. Desto schwieriger ist aber vielfach die Scenirung, insbesondere des fünften Aktes, an welcher bisher noch alle Bühnenkünstler gescheitert sind, das „Kreuz aller Regisseure", wie Dingelstedt sagt. Während die englische Bühne seit Cibber, also seit fast zwei Jahrhunderten, sich es sehr bequem macht, und in der Zelt-Scene Richmond ganz weglässt, die Geister bloss an Richard adressirt, überbietet man sich in Deutschland in geschmackloser Einrichtung dieser Scene.

Wenn man z. B. auf unseren grossen Hoftheatern auf dem Schlachtfeld von Bosworth, in unmittelbarer Anwendung moderner Scenerie auf den Text des Originals, die beiden Heerlager durch

---

[1]) Diese beiden Dramen sind noch nicht gedruckt; ich kenne sie aus den Weimar'schen Aufführungen.

ein, oft bis zu den Lampen vorgeschobenes gebirgsartiges Versatzstück getrennt sieht, in dessen transparenter Stirnfläche die Geister ihr Wesen treiben, während in den, zwischen dem Versatzstück und den Coulissen übrigbleibenden schmalen hohlwegähnlichen Gassen zwei Kinderzeltchen aufgeschlagen sind, vor deren einem Richard sich unter freiem Himmel auf einer Chaise-longue herumwälzt, — dann möchte man in der That den primitiven Zustand des Shakespeare-Theaters zurückwünschen, welches doch die scenische Illusion gar nicht anregte, ihr also auch nicht so mit der Faust in's Gesicht schlug. Dingelstedt hat die hier fast unlösbar scheinende Schwierigkeit ohne jede Gewalt am Original durch einen der genialsten Coups gelöst, welche unsere moderne Bühnentechnik aufzuweisen hat. Er hat nämlich Richmond in die Vision Richard's hineingezogen. Richard liegt im Vordergrund der Bühne in seinem Zelt; zugleich mit den Geistererscheinungen wird im Hintergrunde Richmond sichtbar, in seinem geöffneten Zelte schlafend, und die Geister können nun abwechselnd zu beiden sprechen, wie im Original. Sanfte Musik, deren Anwendung auch Shakespeare nicht verschmähte, begleitet die Vision. So ist vollständige Treue mit der höchst möglichen Illusion vereinigt und eine grandiose Wirkung erzielt, während bisher umgekehrt die Wirkung der grossartigen Scene in der Lächerlichkeit der Scenirung unterging.

Die Bearbeitung allein thut es freilich nicht; auf die Besetzung aller, auch der kleinsten Rollen und namentlich auf das Ensemble muss ebenfalls diejenige Rücksicht genommen werden, welche die Weimar'schen Vorstellungen vor Allem auszeichnen, was die deutsche Bühne bisher im Shakespeare'schen Drama geleistet hat. Auch die Volks- und Schlachten-Scenen hat Dingelstedt, durch geschickte Verwendung der Comparserie, zu den bedeutendsten Factoren der Bühnenwirkung zu erheben gewusst, während sie auf den meisten Bühnen nur störend, oft lächerlich wirken.

Ich kann mich der Hoffnung nicht entschlagen, dass, von Dingelstedt's,[1] Devrient's und Bodenstedt's Anstrengungen ausgehend,

---

[1] Diese Zeilen waren bereits niedergeschrieben, als ich den Abgang Dingelstedt's vom Weimar'schen Hoftheater und seinen Uebergang zur Direction der Wiener Oper erfuhr. Es wäre ein grosser Verlust für die deutsche Bühne und insbesondere für den deutschen Shakespeare-Cultus, wenn dieses eminente Talent dauernd dem Wirken entfremdet bleiben sollte, wofür ihm (von vereinzelten Ausschreitungen abgesehen) die tiefste Kenntniss und die genialste Begabung innewohnt. — Sein Nachfolger in Weimar, Baron

die deutsche Bühne den britischen Dichter noch einmal in seiner, von dem Staub dreier Jahrhunderte gereinigten, unverhüllten Schönheit dem erstaunten Volke vorführen wird; die kleineren Hoftheater haben dann das Verdienst, den grossen hierin mit glänzendem Beispiel vorangegangen zu sein. Und wenn meine, nicht von blinder Verehrung, sondern von tiefster Ueberzeugung eingegebenen Bemerkungen über die Charaktere und die Handlung dieses wundervollen Stückes auch nur dazu beitragen möchten, den Eindruck einer einzelnen Scene zu erhöhen, so sind sie nicht umsonst geschrieben. Richard III. ist eine der höchsten Leistungen der Dichterheroen aller Länder und Zeiten. Starb Shakespeare früher, sein Name wäre im Volke vergessen worden; seit er den Richard geschrieben, lebt er für alle Zeiten. Mit diesem gewaltigen Werk schied er von seinen Jugendarbeiten; es führte ihn ein in den Tempel der Unsterblichkeit.

A. v. Loën, wird übrigens voraussichtlich die Weimar'sche Bühne, den Intentionen des für Shakespeare begeisterten Herrscherpaares, sowie seinen eignen Neigungen entsprechend, dem Dienste des grossen Dichters erhalten, indem er Kenner und warmer Verehrer desselben ist, wie u. A. sein vortrefflicher Aufsatz im I. Heft der Internationalen Revue „die Shakespeare-Kenntniss im heutigen Frankreich" beweist. Möge er denn, mit Devrient und Bodenstedt im Bunde, rüstig auf diesem Gebiete weiter arbeiten. — Mit besonderer Spannung sehe ich namentlich Bodenstedt's Bühnenbearbeitungen und Aufführungen Shakespeare'scher Stücke in Meiningen entgegen, indem dessen Grundsätze viel strenger als die Dingelstedt'schen sind; wenn dieser die äusserste Linke repräsentirt, so steht Bodenstedt auf der äussersten Rechten, da er die unverkürzte und unveränderte Aufführung erstrebt. Meine eben entwickelten Grundsätze über die Bühnenbearbeitungen Shakespeare's stehen etwa in der Mitte zwischen den Ansichten beider Dramaturgen.